Google Adwords y sus aplicaciones publicitarias. IFCM008PO *(Google Ads)*

Antonio Luís Cardador Cabello

ic editorial

Google Adwords y sus aplicaciones publicitarias. IFCM008PO *(Google Ads)*
© Antonio Luís Cardador Cabello

1ª Edición

© IC Editorial, 2025

Editado por: IC Editorial
c/ Cueva de Viera, 2, Local 3
Centro Negocios CADI
29200 Antequera (Málaga)
Teléfono: 952 70 60 04
Fax: 952 84 55 03
Correo electrónico: iceditorial@iceditorial.com
Internet: www.iceditorial.com

ISBN: 979-13-7027-019-3
Depósito Legal: MA-1278-2025

Impresión: PODiPrint
Impreso en Andalucía – España

Nota de la editorial: IC Editorial pertenece a Innovación y Cualificación S. L.

Especialidad formativa

Se entiende por especialidad formativa la agrupación de contenidos, competencias profesionales y especificaciones técnicas que responde a un conjunto de actividades de trabajo enmarcadas en una fase del proceso de producción y con funciones afines.

Las especialidades formativas de Uso General, Formación Complementaria, Formación Modular y las especialidades formativas dirigidas a la obtención de certificados de profesionalidad se incluyen en el Fichero de Especialidades del Servicio Público de Empleo Estatal para su gestión en todo el territorio nacional por cualquier Administración competente.

Las especialidades complementarias, pertenecen todas a la Familia profesional de Formación Complementaria (FCO) y tienen la consideración de formación transversal en áreas que se consideran prioritarias tanto en el marco de la Estrategia Europea para el Empleo y del Sistema Nacional de Empleo como en las directrices establecidas por la Unión Europea. Se consideran áreas prioritarias las relativas a tecnologías de la información y la comunicación, la prevención de riesgos laborales, la sensibilización en medio ambiente, la promoción de la igualdad, la orientación profesional y aquellas otras que se establezcan por la Administración competente.

Las especialidades de Certificado de profesionalidad tienen una duración especificada en su normativa reguladora.

En el resultado de la búsqueda, se muestran las unidades de competencia, todos los módulos formativos con su duración y las unidades formativas del certificado correspondiente, con su duración. Las horas del certificado, exclusivo de las especialidades de certificado de profesionalidad, con alta igual o superior a 2008, son las horas totales más las horas del módulo de Prácticas Profesionales no Laborales.

- **Si la especialidad tiene unidades formativas,** las horas totales, presencial, distancia, teleformación serán igual a la suma de esas horas de las unidades formativas de los distintos módulos, sin que se repita ninguna Unidad formativa.

⊃ **Si la especialidad no tiene unidades formativas,** las horas totales, presencial, distancia, teleformación serán igual a las sumas de esas horas de los módulos formativos, eliminando las horas de los módulos repetidos.

https://sede.sepe.gob.es/especialidadesformativas/RXBuscadorEFRED/
BusquedaEspecialidades.do

(Fuente: Servicio Público de Empleo Estatal)

NOTA

En el año 2018 Google decidió cambiarle el nombre y la apariencia a su herramienta de publicidad y anuncios *online*. Es por eso por lo que *Google Adwords* dejó de llamarse así y empezó a llamarse *Google Ads* para darle un aspecto más intuitivo y visual a la herramienta, nombre que se utilizará a lo largo del desarrollo del contenido de esta especialidad formativa.

Índice

Presentación

En el presente manual se analizará el concepto *Google Ads*, una herramienta que *Google* pone a disposición de sus usuarios para crear campañas publicitarias que permitan a las empresas hacer llegar sus productos a un gran número de clientes potenciales. Además de colgar tus anuncios en este motor de búsqueda, *Google* realizará diversas acciones para comprobar que estos cumplen con unos mínimos estándares de calidad y una serie de reglas prestablecidas.

Se tratará la importancia de poner las palabras clave adecuadas a cada anuncio, un aspecto de vital importancia para que los usuarios puedan localizarlos a través de la red de *Google*, y se explicarán los distintos formatos de anuncios disponibles en esta herramienta.

Aunque *Google Ads* se posiciona como una herramienta que aporta grandes ventajas a los usuarios que la utilizan, como que los anuncios sean vistos por consumidores potenciales de todo el mundo, su uso también ocasiona una serie de desventajas que es preciso conocer por parte de sus usuarios y que se analizarán a lo largo del presente título.

En definitiva, a lo largo del manual se responderán a preguntas del tipo: qué es *Google Ads*, cómo funciona, cuáles son sus características, qué tipo de formatos publicitarios soporta o cuáles son sus principales ventajas e inconvenientes.

El presente título viene acompañado de un **Material complementario** al que podrás accede desde la página www.iceditorial.com. Este material aparece en la parte inferior de la ficha del libro ***Google Ads y sus aplicaciones publicitarias,*** donde podrás encontrar un apartado denominado «Material complementario», compuesto por un archivo comprimido en el que se incluyen una serie de imágenes relacionadas con el contenido.

OBJETIVOS GENERALES

Los objetivos generales del **IFCM008PO.** *Google Ads* **y sus aplicaciones publicitarias,** son los siguientes:

- Adquirir las nociones básicas sobre las posibilidades de *Google Ads* y sus aplicaciones publicitarias en la empresa.
- Conocer la utilidad y el funcionamiento de *Google Ads* para la creación de campañas publicitarias de calidad y efectivas.
- Crear campañas de anuncios de *Google Ads,* utilizando diferentes formatos y soportes publicitarios.
- Realizar un uso correcto de *Google Ads,* para aprovechar las ventajas que ofrece y obtener así óptimos resultados.

Qué es *Google Ads*

Contenido

Objetivos

El objetivo general de esta Unidad de Aprendizaje es:

→ Conocer la utilidad y el funcionamiento de *Google Ads* para la creación de campañas publicitarias de calidad y efectivas.

Los objetivos específicos de esta Unidad de Aprendizaje son:

→ Enumerar los tipos de anuncios disponibles en *Google Ads.*

→ Describir las políticas y normas a seguir en *Google Ads,* valorando las consecuencias en caso de infringirlas.

→ Realizar un proceso de alta en *Google Ads.*

→ Configurar las opciones iniciales al crear una cuenta en *Google Ads.*

1. Introducción

Gracias a *Google Ads* puedes **crear campañas publicitarias** con el fin de que los usuarios de la red de *Google* vean dichos anuncios y accedan mediante ellos a tu sitio web con el objetivo (normalmente) de aumentar las ventas.

Tienes que pensar que hoy en día *Google* es un navegador usado por miles de millones de personas, con lo cual crear no solo campañas de anuncios, sino **anuncios de calidad y bien posicionados,** es fundamental para mantener la presencia de tu sitio web en internet.

Además de la presencia en internet, *Google* realizará diversas operaciones para comprobar si tus anuncios son de calidad y cumplen con unas determinadas reglas establecidas; en el caso de no cumplirlas, serás sancionado en función de la falta cometida. Una sanción leve sería la retirada de la campaña o del anuncio en cuestión afectado y otra muy grave sería la suspensión de la cuenta *Ads* asociada a dicho anuncio.

En esta unidad nos centraremos en conocer los aspectos fundamentales de *Google Ads*; qué es, cómo funciona y sus características principales para poder trabajar con él. Para ello nos basaremos en el caso de la empresa GoAd, dedicada al posicionamiento web, diseño web y publicidad en *Google* (a través del uso de la herramienta *Ads*); viendo cómo esta empresa enfoca cada nuevo proyecto que llega por parte de un cliente de cara a una publicidad *Google* en internet.

2. Conociendo *Google Ads*

👉 HILO CONDUCTOR

GoAd es una empresa dedicada al posicionamiento web, diseño web y publicidad en **Google.**

En GoAd, cuando alguien nuevo llega a la compañía se encargan de asignarle una persona fija para que le sirva de guía para trabajar con la herramienta de *Google Ads.* Y es que aunque en principio es de fácil comprensión, en la práctica hay que tener ciertos conocimientos para saber cómo enfrentarse a nuevos retos

Continúa en página siguiente >>

<< Viene de página anterior

de publicidad en *Google Ads* para cada nuevo cliente que reciben; dado que no todos tienen las mismas necesidades y/o servicios que ofertar.

Google Ads es una plataforma de publicidad *online* que permite a las empresas y anunciantes crear anuncios para promocionar productos, servicios o contenido en la red de *Google*. Estos anuncios se localizan en los resultados de búsqueda de *Google*, en sitios web asociados, en *YouTube* así como en otros desarrollos pertenecientes a *Google*.

Si haces una búsqueda en *Google*, en los resultados de búsqueda (tanto por la parte de arriba como en la parte de abajo) es donde van a estar situados estos anuncios y los puedes identificar rápidamente porque suelen estar **etiquetados con el texto "Patrocinado"** y en color verde, como puedes apreciar en la siguiente imagen:

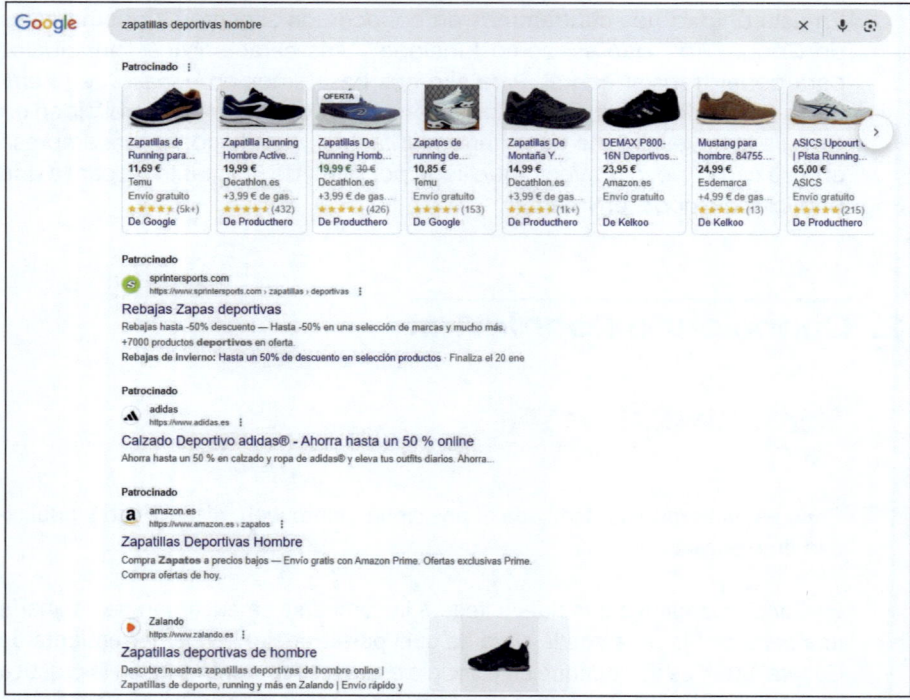

Anuncios correspondientes a la parte superior de los resultados de búsqueda

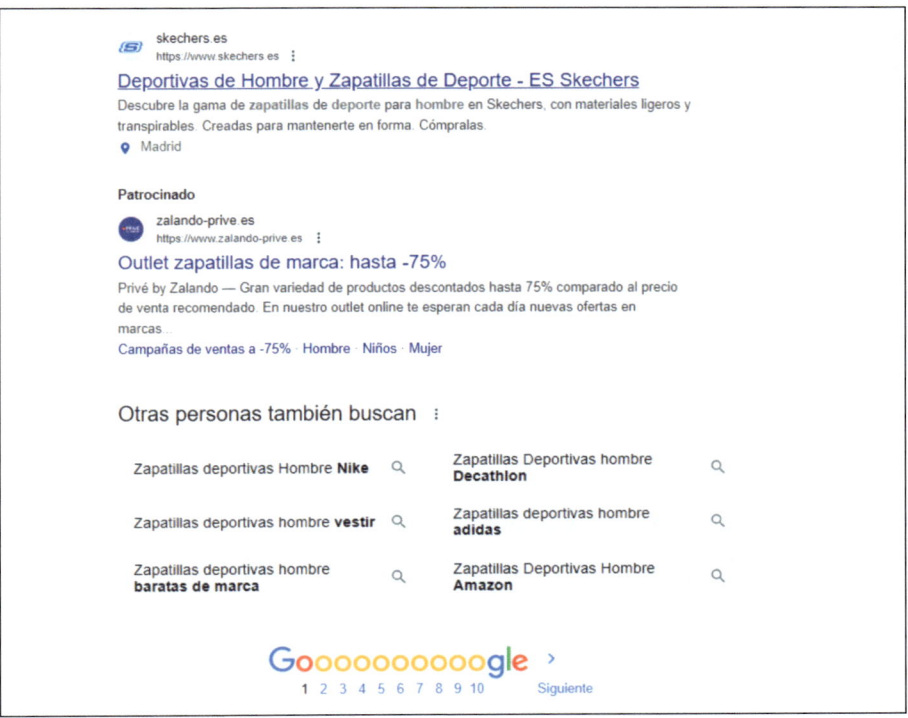

Anuncios correspondientes a la parte inferior de los resultados de búsqueda

Estas **campañas de publicidad** también pueden aparecer en sitios web y pueden presentarse a través de distintos elementos:

| *Banners* | Imágenes | Vídeos | Texto |

✎ DEFINICIÓN

Banner

Es un cierto tipo de formato publicitario presentado en internet para captar la atención rápida de los usuarios. Normalmente, un *banner* consiste en añadir un anuncio publicitario en una página web, que se incluye ya sea como una imagen o como una animación (como, por ejemplo, diseños en *Adobe Flash*).

Siempre que se inserta publicidad en algún sitio web, *Google* recompensa a sus propietarios con un tanto por ciento del ingreso generado por dicha publicidad. Por lo tanto, se puede pensar que *Google Ads* representa una de las mayores fuentes de ingresos para *Google*; pero no solo eso, sino también una **pasarela de pago por publicidad** insertada en sitios web.

¿Qué es y para qué puede servir el uso de *Google Ads*?

Google Ads es una plataforma de **publicidad *online*** ideada por *Google* que permite a las empresas promocionar sus productos, servicios o contenido en diferentes espacios digitales (como pueden ser los resultados de búsqueda de *Google, YouTube,* sitios web asociados y aplicaciones móviles).

Google Ads dispone de una gran variedad de usos en función a los objetivos del negocio. Algunos de esos **usos** pueden ser los siguientes:

1. Generar tráfico hacia un sitio web.
2. Aumentar ventas (*online* o físicas).
3. Generar clientes potenciales.
4. Promocionar una marca o negocio.
5. Promoción de aplicaciones.
6. Mejora del posicionamiento respecto de la competencia.
7. Campañas específicas para fechas o eventos.
8. Segmentación precisa de audiencias (ubicaciones geográficas, idiomas, intereses y comportamientos en línea, edad, género y demás datos demográficos).
9. Medir y optimizar resultados.

Google Ads permite aumentar la visibilidad de un sitio web.
(© Fotografía: WDnet Creation / Shutterstock.com)

Así, obtendrás beneficios mediante los anuncios que posibilitarán que más usuarios de internet y del buscador *Google* accedan a tu sitio o desarrollo web y tengas más probabilidades de que generen algún cargo económico. Por lo tanto, es de lógica que, si vas a obtener beneficios, tengas que pagar por usar este servicio. Pero, ¿se paga por crear anuncios?

No, puedes crear 1.000 campañas de anuncios en *Google Ads* y no tener que pagar nada. Eso sí, has de tener en cuenta que, actualmente, esta plataforma permite crear campañas que se cobran por impresiones. Es decir, que en estos casos *Google* no cobra por cada persona que hace clic en tu anuncio, sino que cobra por alcanzar cierto número de visualizaciones. Por ello, es importante saber muy bien qué tipo de campaña se quiere desarrollar antes de ponerla en marcha.

A pesar de esto, el tipo de campaña más habitual llevado a cabo en *Google Ads* es la de **Coste por Clic (CPC),** en el caso de las campañas de búsqueda. Así pues, en este tipo de campañas *Google* te cobrará cuando los usuarios hagan clic en tus anuncios. Sabiendo esto, es posible que ahora te surja la siguiente pregunta: ¿cuánto cobrará *Google* por un clic? ¿Hay una tarifa plana de coste por clic?

La respuesta es que *Google* no cobra igual a todos sus clientes, de tal forma que el precio de un clic depende de varios factores: de una subasta, de la calidad del anuncio en sí, de la demanda/oferta que haya en ese determinado instante de tiempo; verás estos factores detenidamente más adelante.

Google Ads permite aumentar la visibilidad de un sitio web.
(© Fotografía: PixieMe / Shutterstock.com)

A continuación, puedes ver un ejemplo de **cómo funciona el CPC** (Coste por Clic) para *Google Ads* a la hora de realizar búsquedas en su buscador:

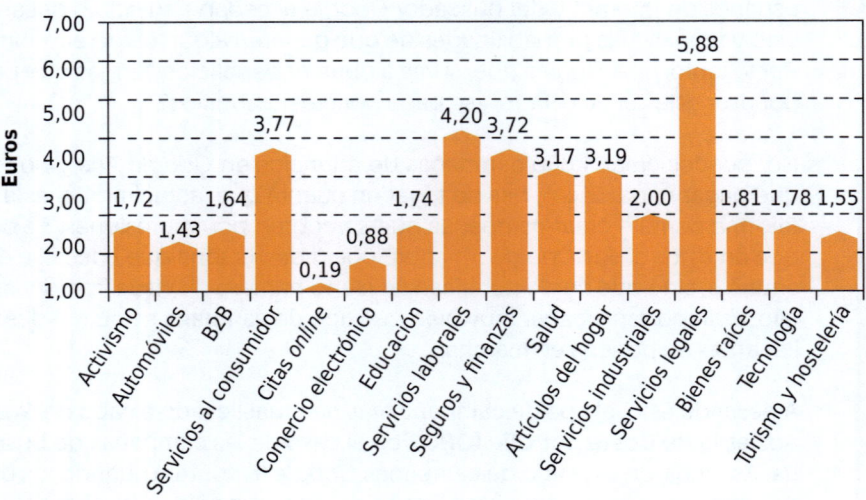

Ejemplo de un CPC

En la imagen anterior puedes ver cómo, si un usuario hace una búsqueda en *Google* con la palabra clave "salud", y en los resultados de la búsqueda hace clic en algún anuncio, este clic costará a 3,17 €. Si, por ejemplo, la búsqueda tuviera la palabra clave "educación", y haces clic en algún anuncio publicitario, el clic costará a 1,74 €.

Las campañas en *Google Ads* se corresponden con estructuras publicitarias que son diseñadas para la gestión y organización de los anuncios que se muestran en distintas plataformas y redes de *Google*. Cada campaña se configura con un objetivo específico.

Los **elementos** clave de una campaña son los siguientes:

- ⮑ Objetivo de la campaña
- ⮑ Red o plataforma
- ⮑ Presupuestos y estrategia de puja
- ⮑ Segmentación
- ⮑ Anuncios
- ⮑ Medición de los resultados

En *Google Ads* se diferencian los siguientes **tipos de campañas:**

- ⮑ Búsqueda
- ⮑ *Display*

- *Shopping*
- Video
- Aplicaciones
- *Perfomance Max*

Las campañas son muy **útiles de cara a la organización de las categorías** de los productos que se ofrecen a través de los anuncios.

A la hora de trabajar las campañas hay que tener en cuenta lo siguiente:

- En una cuenta de *Google Ads* puede haber una campaña publicitaria o más (no hay limitación a la hora de crear campañas).
- Cada campaña contiene, como mínimo, un anuncio o más (tampoco hay límite de asociar a una determinada campaña una cantidad de anuncios, eso sí, como mínimo se debe crear con un anuncio asociado a la campaña).
- Los parámetros (configuraciones varias) sobre los que puede actuar una campaña son: presupuesto, idioma, ubicación (segmentación) y la propia red de *Google* (también hay otros parámetros, pero estos son los más importantes de cara a la campaña).

Observa la siguiente imagen:

Campañas en *Google Ads*

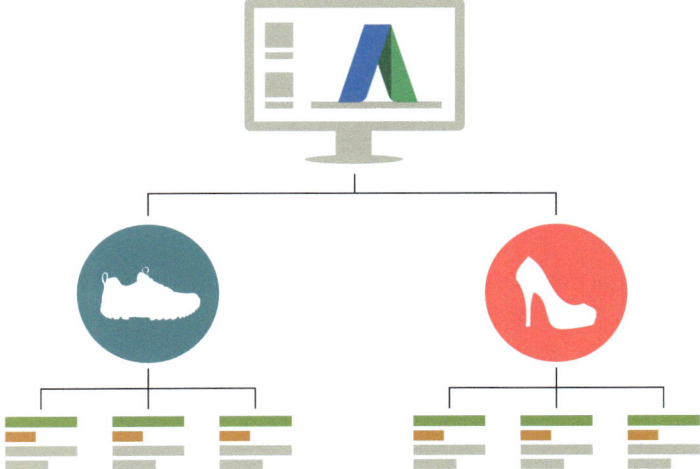

En ella puedes apreciar que se han creado dos campañas: una para un producto zapatillas o calzado de deporte y otro para zapatos de vestir. También puedes observar cómo cada campaña se compone de tres anuncios; y cómo está todo organizado en un nivel superior que correspondería con la cuenta de *Google Ads* asociada.

 ## ACTIVIDAD COMPLEMENTARIA

1. Juan dispone de una tienda virtual en la que vende tres tipos de productos: zapatillas de deporte, ropa deportiva y gorras/viseras para hombre y para mujer. Crea un esquema en el que se diferencien campañas para hombre y mujer dentro de los distintos productos de la tienda de Juan.

Además, a la hora de trabajar con *Google Ads* hay una serie de **normas o políticas que hay que cumplir obligatoriamente** y que se pueden dividir en cuatro bloques. Son los siguientes:

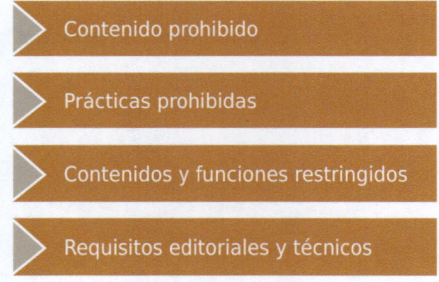

Contenido prohibido

Prácticas prohibidas

Contenidos y funciones restringidos

Requisitos editoriales y técnicos

Dentro del **contenido prohibido** hay que distinguir, a su vez, entre cuatro tipos de contenidos en sí:

- ⊃ **Productos falsificados:** *Google* se toma muy en serio las falsificaciones de productos por parte de terceros, prohibiendo totalmente la venta de productos falsificados. *Google* denomina "producto falsificado" a todo aquel producto que refleja una marca comercial o un logotipo idéntico al de otra marca que lo hacen prácticamente inidentificable.
- ⊃ **Productos o servicios peligrosos:** la mayor ventaja de *Google* es la seguridad de las personas tanto en la red virtual como en la vida real, con lo cual no acepta promocionar anuncios que causen daños a personas.

Algunos ejemplos claros de este tipo de anuncios son: drogas, sustancias estupefacientes, armas, material explosivo, recetas para construir un arma casera paso a paso, etc.

⮕ **Facilitar conductas fraudulentas:** para *Google* es fundamental la honestidad y la justicia, con lo que ampara los derechos de autor. Comportamientos fraudulentos pueden ser: documentos falsos, piratería de *software* o engañar a *Google* para obtener beneficios.

⮕ **Contenido inadecuado:** *Google* se basa en intentar ofender lo menos posible a sus usuarios, intentado evitar los contenidos desagradables o que ofendan, sean intolerantes, discriminen o conlleven la violencia (en cualquier sentido). Para *Google* este tipo de contenido se refiere a: crímenes, asesinatos, discriminaciones raciales, maltrato animal, extorsiones, ventas de animales en peligro de extinción, etc.

Asimismo, dentro de las prácticas que prohíbe *Google* se pueden clasificar en tres totalmente diferentes:

⮕ **Uso indebido de la red publicitaria:** *Google* apuesta por una red llena de anuncios útiles, variados, relevantes y muy seguros. Ante anuncios maliciosos o anuncios que intenten beneficiarse de la red de anuncios de *Google* se tomarán las medidas de cancelación y suspensión de cuentas. Un ejemplo de este tipo de uso es compartir *software* malicioso, ocultar los destinos a los que se redirige un usuario a través de un anuncio, etc.

⮕ **Recogida y uso de datos:** *Google* siempre apuesta por que los usuarios puedan usar sus datos y que los mismos se respeten y se usen con cuidado. No se permite recopilar datos de los usuarios de la red *Google* para otros fines que no sean los establecidos; si es detectado por *Google* un comportamiento no adecuado de la recopilación de datos de usuario, se procederá a la suspensión y cancelación de cuentas. Un ejemplo: recopilación de teléfonos, de cuentas sanitarias, pensiones, Seguridad Social, permisos de conducción, etc.

⮕ **Información falsa:** la red de *Google* está en contra de la publicidad falsa; si su red se inunda de publicidad falsa, los usuarios de la misma sufrirán una sensación de engaño ante los anuncios a los que acceden. Por eso se lucha activamente contra los anuncios engañosos o falsificados. Un ejemplo: ocultar cargos en un servicio bancario, encubrir intereses, comisiones o penalizaciones en determinados servicios, ofertas que no están actualizadas y siguen disponibles en red, etc.

Cuando se habla del **contenido restringido** se hace fundamentalmente referencia a:

- **Contenido para adultos:** este tipo de anuncios tienen que cumplir la normativa jurídica respecto del lugar donde se publica (geográfico). Se permiten algunos de estos anuncios siempre y cuando respeten las preferencias del usuario. Algunos ejemplos de estos anuncios son: clubs para adultos, revistas para adultos, etc.
- **Alcohol:** al igual que los anteriores, este tipo de publicidad está permitida siempre y cuando se cumplan con las normas del país en el cual se va a hacer la campaña. Algunos ejemplos son: licores, cervezas, bebidas alcohólicas, etc.
- **Derechos de autor:** *Google* cuida mucho los derechos de autor, hasta tal punto que no permite publicidad que no tenga derecho a usar contenido protegido por unos derechos de autor. Se puede publicar publicidad con derechos de autor siempre y cuando se disponga del certificado que permita hacerlo.
- **Juegos de apuestas:** se permitirán este tipo de anuncios por parte de *Google* siempre y cuando se haga de manera responsable y se cumpla con las leyes locales. Algunos ejemplos son: casinos, póquer, bingo, ruletas, eventos deportivos, etc.
- **Atención sanitaria y medicamentos:** al igual que con el resto de puntos, se debe cumplir la normativa vigente del lugar donde se va a realizar la publicidad en cuanto a la materia de sanidad. Además, puede ser que *Google* requiera una certificación para permitir hacer campañas en torno a anuncios y/o productos sanitarios y medicaciones. Un ejemplo: Viagra, aparece en numerosas ocasiones en la red, pudiendo comprarse sin una receta médica de por medio (cosa que es totalmente indispensable aquí, en España, para adquirir tal medicación).
- **Contenido de carácter político:** se deben cumplir las leyes o normativas requeridas en la zona o lugar donde se va a realizar la publicidad. Por ejemplo, en España no está permitido que el día de antes de elecciones (la llamada "jornada de reflexión") se emitan anuncios publicitarios con contenido político electoral. Por lo tanto *Google,* en su red, así lo respetará y vigilará para que se cumpla como establece la ley. Un ejemplo de contenido político es la promoción de partidos o bien la promoción de candidatos de un determinado partido.
- **Servicios financieros:** al usar servicios bancarios en los anuncios o bien productos financieros, hay que cumplir las leyes estatales de donde se anuncien. Sobre todo hay que evitar los engaños o timos al usuario cobrándole sobrecostes sin anunciárselo; es decir, un cliente tiene que tener claro totalmente lo que va a consumir o comprar con todos sus costes. *Google* revisa constantemente estas normativas para tener una red de anuncios legal y limpia.

- **Marcas comerciales:** se pueden usar las marcas comerciales en el uso de publicidad en *Google*, eso sí, basta con que *Google* reciba una sola reclamación del titular de la marca para que se anulen los anuncios que están usando fraudulentamente ese branding en su red de publicidad.
- **Requisitos legales:** *Google*, desde el primer momento, deja bien claro en su política de anuncios que es el anunciante el responsable de garantizar que sus anuncios o campañas cumplen con la normativa y ley en la ubicación geográfica en la que se van a publicar las campañas o anuncios.
- **Otros negocios restringidos**: *Google* está constantemente revisando los anuncios sobre los que los usuarios hacen clic para acceder a sus webs. Por este motivo no va a permitir el uso de anuncios con prácticas poco éticas, objetivos poco definidos o no claros, etc.

Los **requisitos editoriales y técnico**s hacen referencia fundamentalmente a:

- **Requisitos editoriales:** *Google* solo permite anuncios que sean claros, profesionales y sobre todo que su contenido sea relevante, útil y fácil de interactuar para su red de usuarios. Algunos ejemplos de anuncios poco profesionales son "Compre sus productos aquí" o "Productos gratis".
- **Requisitos del sitio web de destino:** *Google* se preocupa mucho de que un usuario sienta una interacción positiva cuando hace clic en sus anuncios. Situaciones como anuncios que redirección en a URL no exactas, sitios web o aplicaciones que están en construcción (o simplemente que no funcionan) en un periodo largo de tiempo, inhabilitación del botón **Atrás** del navegador o bien sitios web que no son accesibles con los navegadores habituales son motivo de suspensión y cancelación de la campaña.
- **Requisitos técnicos:** *Google* obliga a cumplir su política interna de publicidad y la del país o región donde se va a publicitar la campaña. El objetivo es disponer de una red de anuncios que sean claros, directos y, sobre todo, funcionales para los usuarios de *Google*.
- **Requisitos de formato de anuncio:** con el fin de garantizar que los usuarios tengan una experiencia agradable con las campañas de anuncios y que estos sean atractivos para los usuarios, *Google* obliga a cumplir unos requisitos específicos para publicar un determinado anuncio, como puede ser limitar el número de caracteres para el título del anuncio, para el cuerpo del anuncio, determinado tamaño si se usa alguna imagen, determinada duración si se quiere usar un vídeo dentro del anuncio, su aspecto, etc.

NOTA

Además de las políticas anteriores, *Google* también exige el cumplimiento de la normativa local de las zonas a las que estén orientados los anuncios.

PARA SABER MÁS

Puedes consultar la comunidad *online* de *Google Ads* para consultar sus políticas y normas, así como entablar conversaciones con expertos en la materia, accediendo al siguiente enlace:

https://redirectoronline.com/ifcm008po0101

Pero, ¿qué te puede ocurrir si pasas por alto todo lo anterior? Tienes seis posibles **escenarios dependiendo de la situación que estés infringiendo:**

- ⮥ **Rechazo a los anuncios:** los anuncios que no cumplan las normas y que hayas publicado mediante campañas serán totalmente suspendidos y rechazados para ser publicados y que lleguen a los usuarios de *Google* hasta que se solvente la situación referente al anuncio o anuncios rechazados.
- ⮥ **Suspensión de aplicaciones y/o sitios:** *Google* se reserva el derecho a suspender dominios hasta comprobar y resolver el problema que se ha generado. En dicho caso, el sitio web y/o aplicación que haya sido temporalmente suspendido será revisado a fondo para garantizar que no incumple nada.
- ⮥ **Suspensión de la cuenta:** en el caso de que *Google* detecte varias infracciones o una sola infracción muy grave, procederá a suspender temporalmente la cuenta (lo más seguro es que lleve a una suspensión total y no puedas publicar más anuncios bajo esa cuenta ni realizar más

campañas). En el caso de que se pueda demostrar que no se ha incurrido en tales infracciones, *Google* procederá a volver a activar la cuenta y podrás trabajar normalmente con ella.

- **Inhabilitación:** en cualquier momento en que *Google* considere que tu anuncio o anuncios no cumplen con su política o sus reglas de juego, se puede producir una inhabilitación del anuncio por su parte. Esto consiste en que el anuncio es retirado de todas las redes de *Google* (búsqueda y *Display)*, con lo cual los usuarios no podrán localizarlo.
- **Revisión del cumplimiento de políticas:** en cualquier momento, *Google* puede ponerse en contacto contigo (mediante correos electrónicos) para comprobar si una determinada cuenta cumple con las políticas indicadas anteriormente. En el caso de que te pida documentación mediante correo es altamente aconsejable facilitársela, dado que, de lo contrario, procederá a suspender temporalmente la cuenta hasta que se solvente la situación anterior.

 ACTIVIDAD COMPLEMENTARIA

2. Óscar y María son los propietarios de una farmacia y acaban de descubrir la herramienta de *Google Ads* para poder potenciar su presencia en internet. De acuerdo a las políticas internas de *Google Ads*, ¿que podrías aconsejar a Óscar y María para llevar a cabo campañas de publicidad con dicha herramienta?

 TAREA 1

Óscar y María son los propietarios de una farmacia y van a comenzar a utilizar la herramienta *Google Ads* para poder potenciar su presencia en internet.

¿Qué tipo de anuncios podrán incluir mediante el uso de esta herramienta? Enumera las diferentes posibilidades con las que cuentan.

Asimismo, describe las políticas y normas que deben seguir en el uso de la herramienta y cuáles podrían ser las consecuencias en caso de infringirlas.

3. Primeros pasos con *Google Ads*

👉 HILO CONDUCTOR

En GoAd, siempre que se encargan de la publicidad de un nuevo cliente, hacen un estudio exhaustivo del mismo.

El fin de este estudio es adaptar todos los parámetros posibles de *Google Ads* al nuevo cliente; desde una cuenta personalizada y ligada al mismo, hasta campañas de sus productos o servicios que ofrecen en internet. Para ello tienen que trabajar codo con codo con el cliente para conocer todas sus necesidades.

Google Ads es una plataforma que brinda *Google* para poder publicar anuncios que serán visibles y accesibles por la red de usuarios que manejan el navegador de *Google*.

Cuando un usuario utiliza *Google* y realiza una búsqueda obtiene la siguiente imagen:

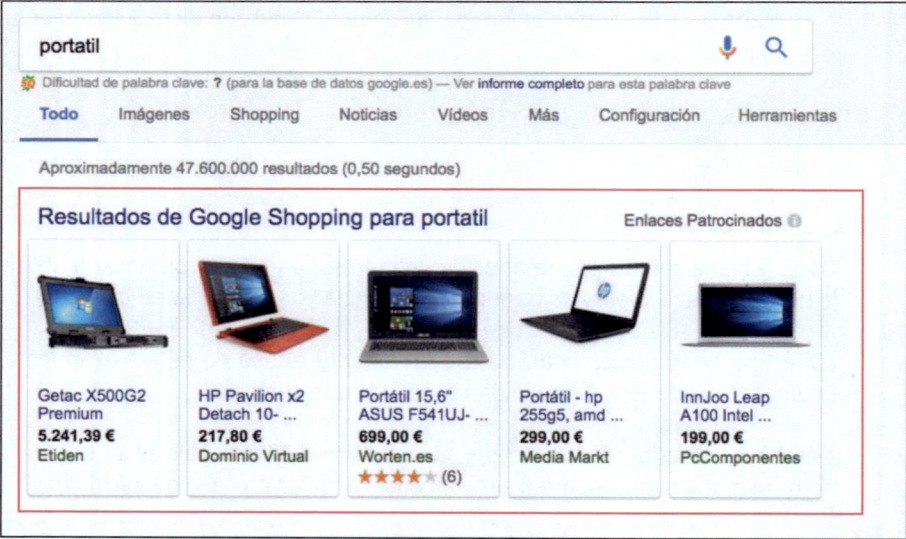

Continúa en página siguiente >>

<< Viene de página anterior

Resultados de búsqueda de Google

Obviamente, usar la plataforma *Google Ads* tiene como objetivo que tus anuncios alcancen las **primeras posiciones en los Anuncios SEM** *(Search Engine Marketing)*.

 ## ACTIVIDAD COMPLEMENTARIA

3. Realiza una búsqueda en *Google* de "zapatos baratos" y en la ventana de resultados de la búsqueda clasificar/diferenciar entre: Anuncios SEO, SEM y anuncios normales de búsqueda.

3.1. Alta en *Google Ads*

El proceso de alta para poder trabajar con *Google Ads* consta de dos **pasos** fundamentales, que son:

Creación de cuenta	Acceso y configuración inicial de *Google Ads*

El primer paso es crear, si no dispusieras de ella, una cuenta de *Gmail* para poder asociarla a la cuenta de *Google Ads.* Es muy importante que la cuenta sea de *Gmail* y no de otro servidor de correo electrónico, dado que la cuenta que uses de *Gmail* va a quedar íntimamente asociada a la cuenta de *Google Ads.*	Una vez que tengas lista y preparada la cuenta de *Gmail,* debes insertar la URL <https://ads.google.com/intl/es_ES/home/ > para acceder a la página principal de *Google Ads,* tal y como se ve en la siguiente imagen, para comenzar el proceso de configuración de la cuenta.

Una vez dentro de la página anterior, y con la sesión iniciada ya en la cuenta de *Google,* pulsa el botón azul, **Empezar,** para continuar el proceso de alta. Una vez pulsado, aparecerá la siguiente pantalla:

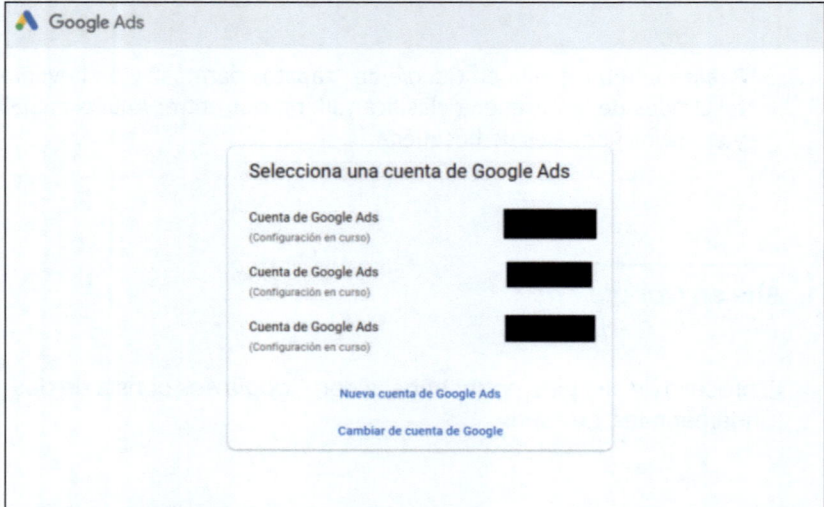

Primera pantalla del proceso de alta en Google Ads

En la imagen anterior escoger **Nueva cuenta de Google Ads** para obtener la siguiente pantalla:

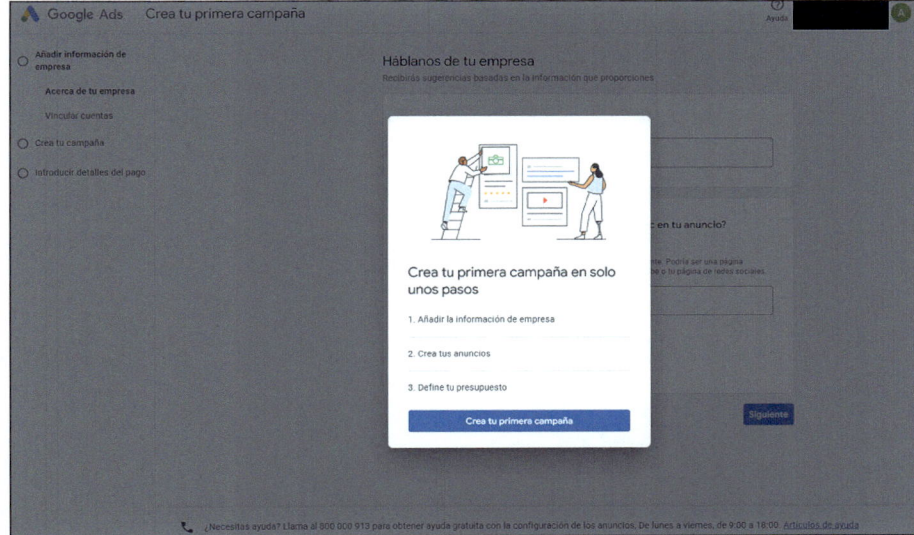

Pantalla para crear campaña

En la pantalla anterior pulsar sobre **Crea tu primera campaña** para obtener la siguiente imagen:

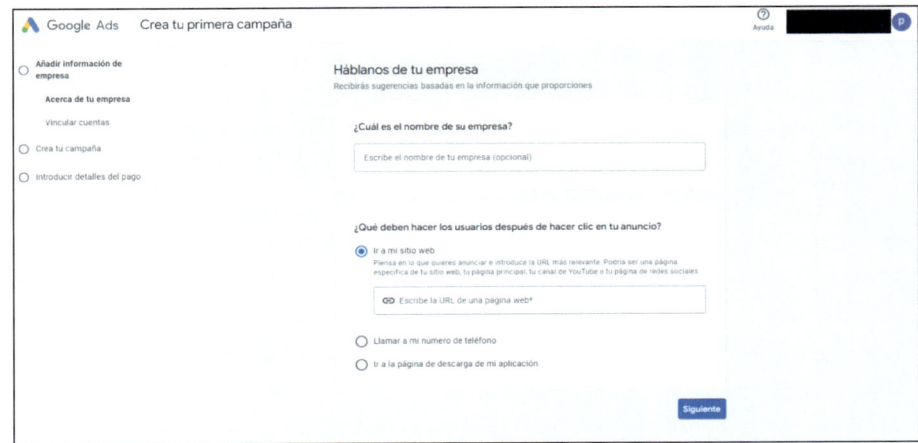

Pantalla para añadir datos de la empresa

NOTA

Es posible realizar campañas mucho más detalladas si trabajas en el campo del *marketing.* Para ello, puedes hacer clic en **Cambiar al modo experto** que aparece en la llave inglesa que hay en formato de icono (esquina superior derecha).

Se deben rellenar los datos que nos piden y pulsar en **Siguiente** y aparecerá lo siguiente:

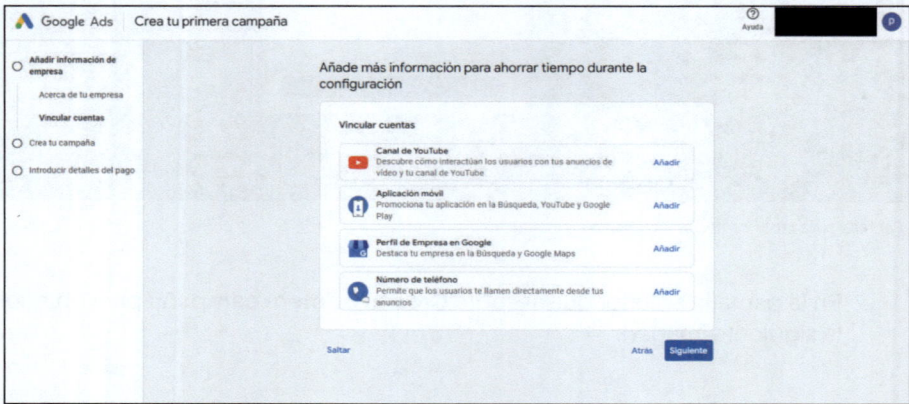

Pantalla para asociar diferentes cuentas

En la pantalla anterior podemos asociar distintas cuentas que se pueden usar en *Google Ads* o bien configurarlas más adelante para su uso. En nuestro caso pulsar en **Siguiente:**

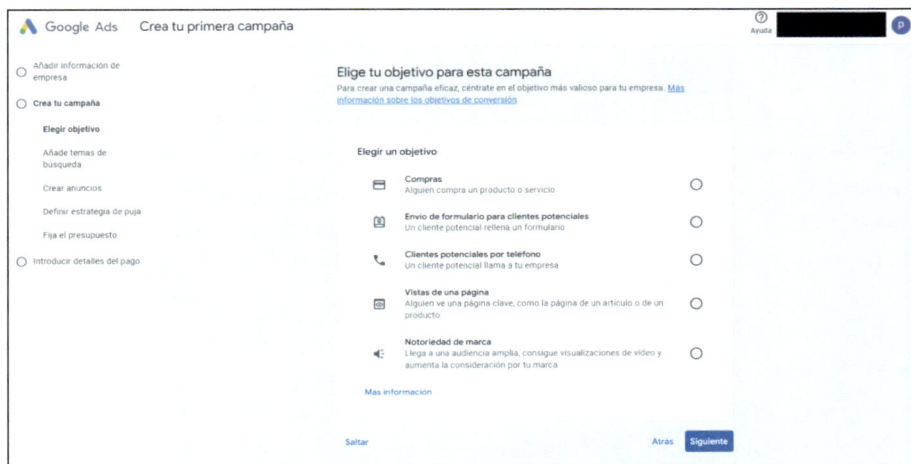

Pantalla para elegir opciones para la nueva campaña

En la pantalla anterior podemos elegir entre una serie de **opciones para configurar** nuestra campaña, que son las siguientes:

- **Compras.** Diseñado para fomentar que las personas compren un producto o servicio que ofrecemos. Se recomienda para negocios de comercio electrónico o tiendas *online* que quieren maximizar sus ventas directas.
- **Envío de formularios para clientes potenciales.** Diseñado para que los usuarios completen un formulario para generar *leads* (clientes potenciales) interesados en nuestros productos o servicios. Se recomienda para empresas que dependen de la generación de contactos, como pueden ser las agencias de servicios, inmobiliarias o consultorías.
- **Clientes potenciales por teléfono.** Diseñado para optimizar los anuncios para que los usuarios llamen directamente a nuestra empresa, pasando a la interacción telefónica. Recomendado para aquellos negocios que dependen de llamadas telefónicas, como servicios de soporte, reservas o consultas directas.
- **Vistas de una página.** Diseñado para dirigir a los usuarios a una página específica de nuestro sitio o desarrollo web, como la página de un determinado producto o un artículo clave. Se recomienda para aumentar el tráfico a determinadas páginas, bien para informar o bien para otros fines.
- **Notoriedad de marca.** Diseñado para llegar a una amplia audiencia y así mejorar el reconocimiento de la marca y aumentar la consideración a través de visualizaciones (vídeo o gráficos). Se recomienda en campañas enfocadas en *branding* o posicionamiento de marca, especialmente para las nuevas empresas y aquellas que lanzan nuevos productos.

Si se escoge la opción de **Compras** y se pulsa sobre **Siguiente** obtenemos la siguiente pantalla:

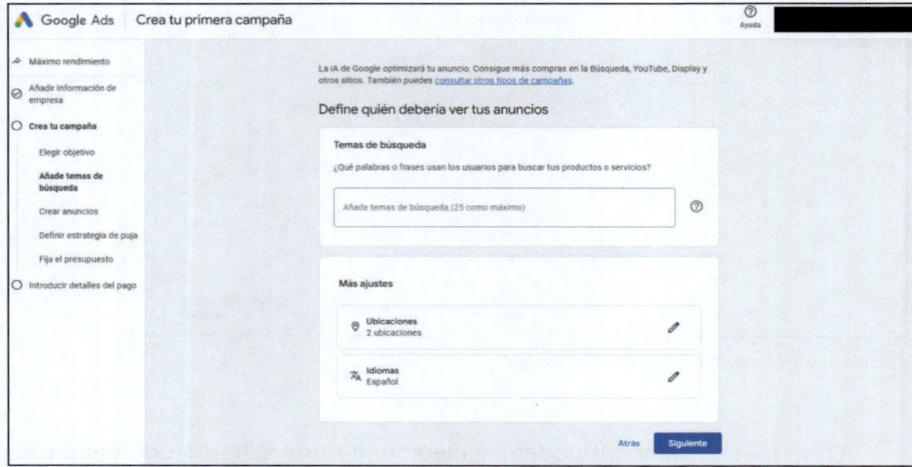

Pantalla para temas de búsqueda

En la pantalla anterior lo primero es introducir una serie de palabras clave o temas, que es cómo los usuarios van a localizar nuestro producto o servicio. Una vez establecidas estas palabras clave (un máximo de 25) se pueden realizar una serie de **ajustes** tanto en la ubicación como en el idioma, si escogemos modificar la ubicación aparecerá lo siguiente:

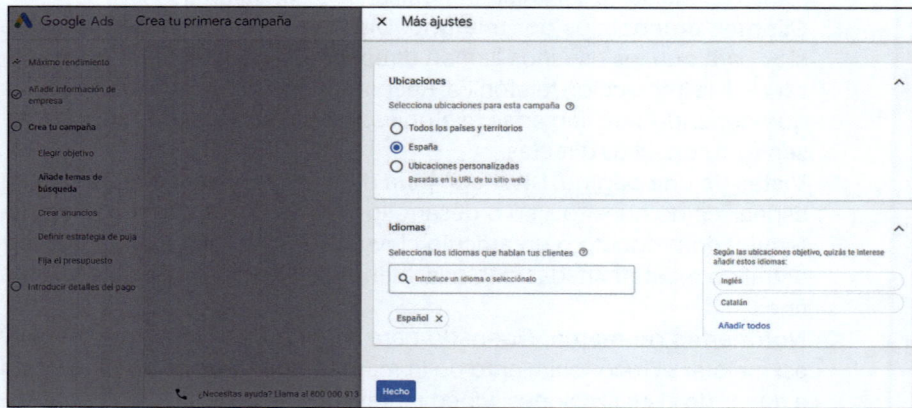

Pantalla de ajustes

Se puede establecer la ubicación geográfica a alcanzar por la campaña, en nuestro caso hemos establecido por defecto "España" y como idioma "Español". Por el contrario si pasamos por la edición de idiomas obtendremos la misma pantalla que la anterior. Una vez establecidos la ubicación y el idioma si pulsamos en **Siguiente** obtenemos la siguiente pantalla:

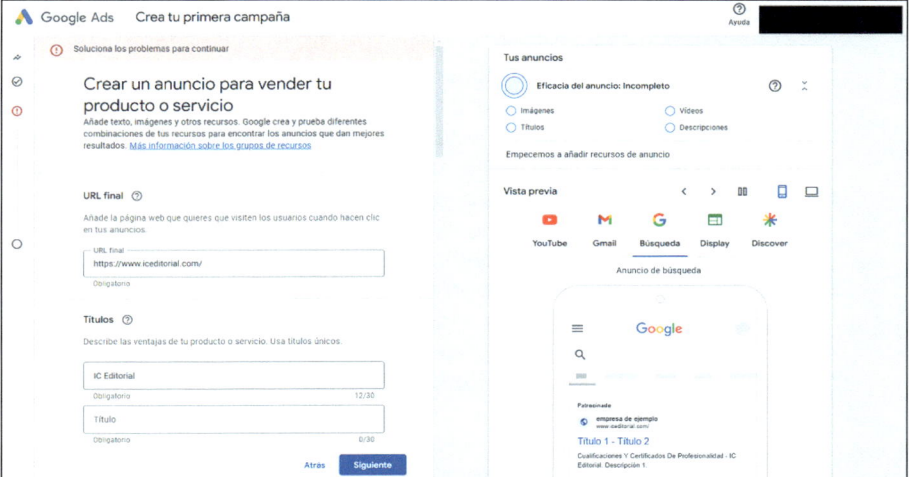

Pantalla para personalizar campaña

En la imagen anterior en la parte de la izquierda tenemos una serie de campos que vamos a personalizar y/o rellenar.

 **IMPORTANTE**

En todo momento, a la derecha, aparece una vista previa de cómo se verá el anuncio en los distintos medios que nos ofrece *Google Ads (YouTube, Gmail, Google* Búsqueda, *Display* y *Discover)*.

En la parte de la izquierda contamos con los siguientes **campos:**

⮞ **URL Final.** Esta URL será a la cual es redirigido el usuario cuando haga clic en el anuncio que se está configuración.

- **Títulos.** En principio se disponen de 3 títulos para poder insertar en el anuncio, pero en el caso de requerir más se pueden agregar pulsando en el icono + **Título.** Se introducirán títulos para describir las ventajas de nuestro producto o servicio. Es altamente recomendable usar títulos únicos y que no sean copiados de otros lugares.
- **Títulos largos.** En este título se va a introducir una descripción de nuestro producto o servicio para formatos de anuncios más grandes.
- **Descripciones.** Al igual que los títulos, en las descripciones vamos a introducir detalles únicos sobre nuestro producto o servicio, en el caso de necesitar introducir más descripciones se puede pulsar el botón etiquetado como + **Descripción** para añadir más.
- **Nombre de la empresa.** En este caso se introduce el nombre de la empresa que está asociada con el anuncio que se está promocionando.
- **Imágenes.** Desde esta opción se puede añadir al anuncio, como mínimo, una imagen horizontal y otra imagen cuadra, en el caso de necesitar más imágenes se pueden añadir haciendo uso del botón + **Imágenes.**
- **Logotipos.** Desde esta opción se puede configurar el logotipo en el anuncio para que los usuarios identifiquen de forma rápida nuestra empresa o marca dentro del anuncio.
- **Funciones para conseguir más clics.** Está opción nos sirve para atraer más usuarios a nuestro anuncio, dispone de:

  - **Vídeos.** Se pueden insertar videos para mostrar el anuncio en más sitios. *Google* puede generarlos dichos videos mediante las imágenes que le han sido suministradas en los recursos de imagen. También hay la posibilidad de insertar nuestros propios vídeos.
  - **Enlaces de sitio.** Tenemos la opción de poder insertar enlaces en los anuncios con la posibilidad de redirección de usuarios a determinadas páginas web específicas de nuestro desarrollo web.
  - **Llamada a la acción.** En este caso será el propio *Google* el que elija la acción asociada al anuncio para obtener el mejor rendimiento posible.
    Disponemos de las siguientes **opciones:**

    - **Automática.** En este caso *Google* elige la llamada a la acción más adecuada en función del contenido del anuncio que estemos configurando, la página de destino y otros factores. Es una buena opción si no estamos seguros de la llamada a la acción a usar o si queremos que *Google* optimice por nosotros.
    - **Más información.** En este caso se invita a los usuarios a obtener más información o detalles sobre el producto, servicio o negocio anunciado. Un ejemplo puede ser "Más información sobre nuestros servicios".

- ⇕ **Pide presupuesto.** Esta opción es ideal para los negocios que ofrecen servicios personalizados, por ejemplo: "Pide tu presupuesto sin compromiso alguno".
- ⇕ **Solicítalo ya.** En este caso se fomenta la acción inmediata del usuario, ya sea para pedir un producto, servicio o información. Un ejemplo puede ser "Solicita tu muestra gratis".
- ⇕ **Regístrate.** Usado en campañas que buscan generar registros o inscripciones, un ejemplo puede ser "Regístrate para recibir ofertas exclusivas".
- ⇕ **Contactar.** Desde esta opción se anima al usuario a ponerse en contacto con nosotros, bien por vía telefónica, por correo electrónico o por un simple y preciso formulario. Un ejemplo puede ser "Contacta con nuestro equipo".
- ⇕ **Suscribirte.** En este caso es buena opción para el tipo de campañas que buscan aumentar suscriptores, como pueden ser los boletines informativos o servicios de membresía. Un ejemplo puede ser "Suscríbete a nuestro *newsletter*".
- ⇕ **Descarga.** Ideal para promocionar la descarga de apps, *eBooks,* guías o recursos digitales. Un ejemplo puede ser "Descarga la guía gratuita".
- ⇕ **Reservar ahora.** Pensado para aquellos negocios que necesitan realizar reservas, como pueden ser los restaurantes, hoteles o servicios de citas. Por ejemplo "Reserva tu mesa hoy mismo".
- ⇕ **Comprar ahora.** Dirigido a campañas de comercio electrónico o de ventas directas, un ejemplo puede ser "Compra ahora con envío gratis".

➲ **Más ajustes de campaña.** Desde esta opción nos permite personalizar y optimizar la campaña con configuraciones avanzadas, como por ejemplo el tamaño de los vídeos (en el caso de que se usen).

Si en la pantalla anterior introducimos los datos asociados al anuncio que queremos desarrollar obtendremos la siguiente pantalla:

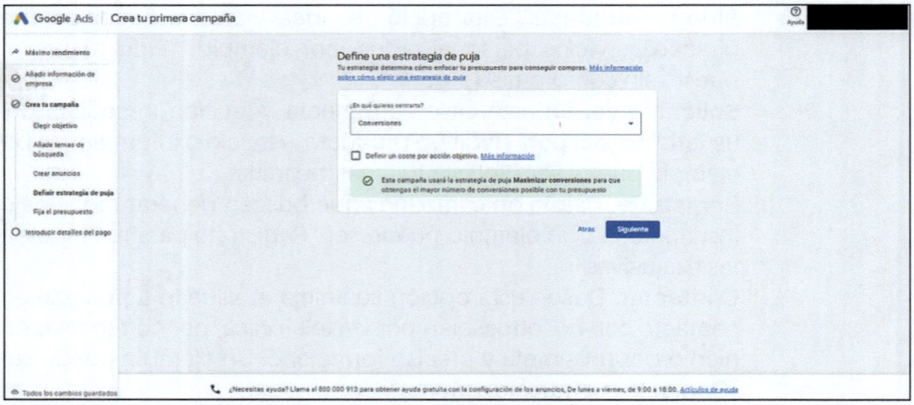

Pantalla para definir la estrategia

En la pantalla anterior se puede definir la estrategia de puja que vamos a seguir, que se compone de:

- **Conversiones.** Por conversión se entiende una acción específica que un usuario va a realizar en nuestro sitio web o aplicación después de que haga clic en el anuncio que estamos diseñando. ¿Qué puede ser esta acción? una compra, un registro, una descarga, un formulario completado... Hay que anotar que las conversiones se centran en la cantidad de acciones completadas y sus estrategias de puja relacionadas son las siguientes:

  - **Maximizar conversiones.** En este caso será *Google* el que va a ajustar de forma automática las pujas para intentar obtener el mayor número de conversiones posibles dentro del presupuesto que se haya definido.
  - ***Target* CPA (costo por adquisición objetivo).** En este caso es también *Google* el encargado de ajustar las pujas para intentar obtener conversiones a un coste específico por conversión que en este caso está definido por nosotros.

  Las conversiones resultan útiles cuando nuestro objetivo principal es aumentar el volumen de conversiones, sin importar el valor monetario de cada una.
- **Valor de conversión.** Se corresponde con el valor monetario asignado por cada conversión. Por ejemplo, si tenemos una venta que genera 150 € de ingresos, este se corresponde con el valor de dicha conversión. Se puede afirmar que el valor de conversión se centra en la calidad o en el beneficio económico de las conversiones (no solo en la cantidad).

Dentro del valor de conversión se diferencian las siguientes estrategias de puja relacionadas:

- **Maximizar el valor de conversión.** En este caso será *Google* quien ajuste las pujas para obtener el mayor valor total de conversiones dentro de nuestro presupuesto.
- *Target* **ROAS (Retorno de la Inversión Publicitaria).** *Google* ajustará las pujas para intentar alcanzar un retorno de inversión específico.

El valor de conversión resulta útil cuando las conversiones tienen diferentes valores monetarios, por ejemplo las ventas de productos con precios variados o diferentes y se quiere optimizar para maximizar los ingresos o beneficios.

En nuestro caso se escogerá la opción **Conversiones** y pulsar en **Siguiente** para obtener la siguiente imagen:

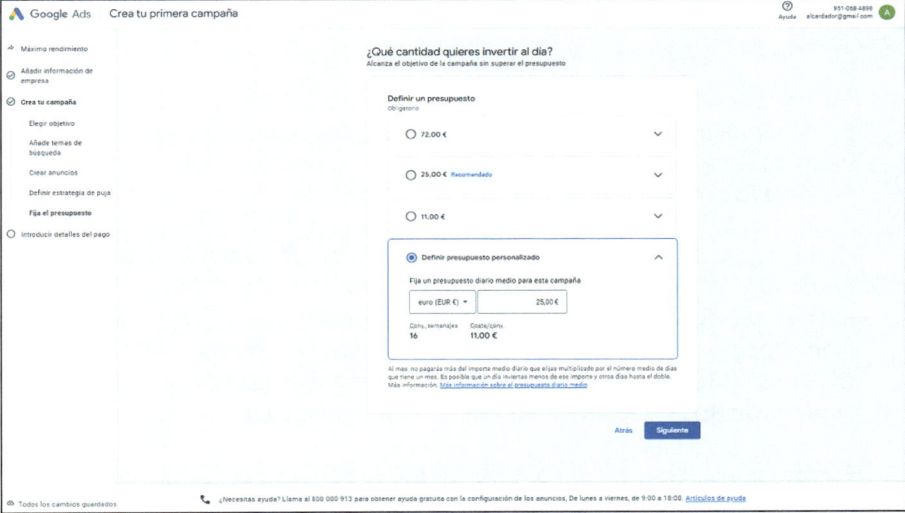

Pantalla para definir el presupuesto

En la imagen anterior se puede establecer un presupuesto, el cual será la inversión que se va a realizar día a día. Como se puede apreciar en la imagen anterior se nos ofrecen una serie de presupuestos y por parte de *Google* se nos da una recomendación (en este caso un presupuesto personalizado de 25,00 €). Aunque si necesitamos otro presupuesto se puede escoger la opción de **Definir presupuesto personalizado.** Una vez escogido el presupuesto pulsar en **Siguiente** para obtener la siguiente pantalla:

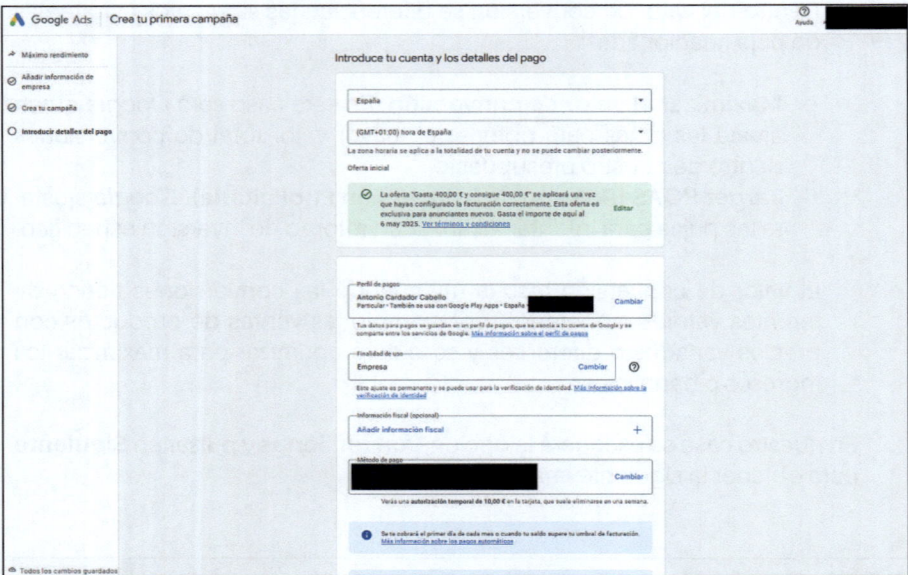

Pantalla de pago

En la pantalla anterior se introducirán los datos necesarios para realizar el pago en *Google Ads* y ya estará en marcha el anuncio que se acaba de diseñar para la campaña de publicidad.

Como has visto anteriormente, cada cuenta de *Google Ads* va asociada a un correo de *Google (Gmail)*, pero puede darse el caso de que necesites usar **varias cuentas en un mismo *Google Ads*.** Para solventar esta situación, *Google* pone a tu disposición un servicio de cuentas **"Mi Centro de Clientes" (MCC).** Se trata de cuentas paralelas que puedes asociar a varias cuentas de *Ads* y gestionarlas como si fueran una sola.

Puedes consultar en qué consiste un MCC, cómo se configura el MCC, así como las ventajas de uso de MCC, desde aquí:

https://redirectoronline.com/ifcm008po0102

3.2. Configuración inicial de *Google Ads*

Una vez que hemos aceptado el pago y por lo tanto hemos accedido a la creación de la campaña, si volvemos a acceder a *Google Ads* obtendremos la siguiente pantalla de bienvenida:

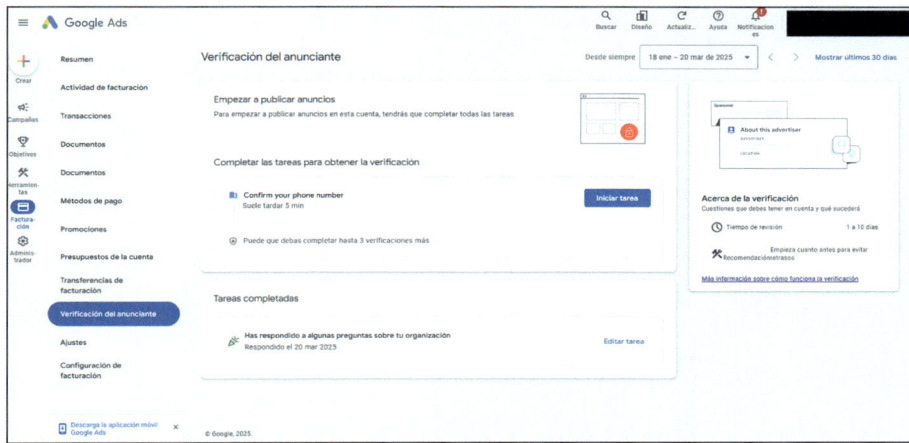

Página principal de Google Ads

En la pantalla anterior, a la izquierda, tenemos un panel con los siguientes **componentes:**

- ⮞ **Campañas.** Desde aquí se pueden gestionar todas las campañas publicitarias. Se pueden crear nuevas campañas, editar las existentes y ver el rendimiento de las mismas. Las campañas, a su vez, se organizan por tipo (búsqueda, *display,* vídeo, *shopping,* etc.) y se pueden ajustar configuraciones como el presupuesto, la audiencia objetivo y las palabras clave.
- ⮞ **Objetivos.** Se corresponden con las metas que se desean alcanzar mediante el uso de las campañas publicitarias. Se pueden definir objetivos como aumentar el tráfico al sitio web, generar *leads,* incrementar las ventas, etc.
- ⮞ **Herramientas.** Aquí se dispone de una serie de herramientas y configuraciones para optimizar y gestionar las campañas. Algunas herramientas pueden ser la planificación de palabras clave, seguimiento de conversiones, ajustes de ofertas, etc.
- ⮞ **Facturación.** Desde esta sección se puede acceder a los más puros aspectos financieros de nuestras campañas. Se pueden ver y gestionar los

métodos de pago, historial de las transacciones y facturas. Es esencial para controlar y mantener los gastos.

⊃ **Administrador.** Desde aquí se puede gestionar la configuración general de nuestra cuenta *Google Ads.* Aspectos tales como controlar usuarios y permisos, vinculación de cuentas y configuraciones de seguridad.

Además en la imagen anterior se puede localizar también el siguiente menú de opciones que se presenta a continuación:

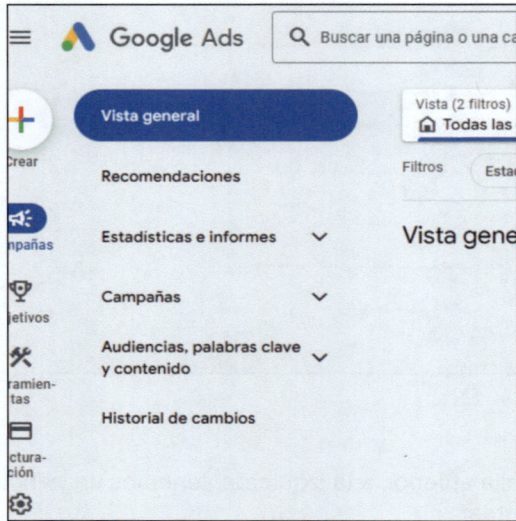

Menú de opciones dentro de Google Ads

En la imagen anterior se cuenta con las siguientes **opciones,** que a continuación se exponen.

Vista general

Desde esta opción se puede acceder al panel principal que nos brinda un resumen del rendimiento de nuestras campañas, incluyendo métricas clave y tendencias. En la siguiente imagen se puede ver el aspecto de esta vista general:

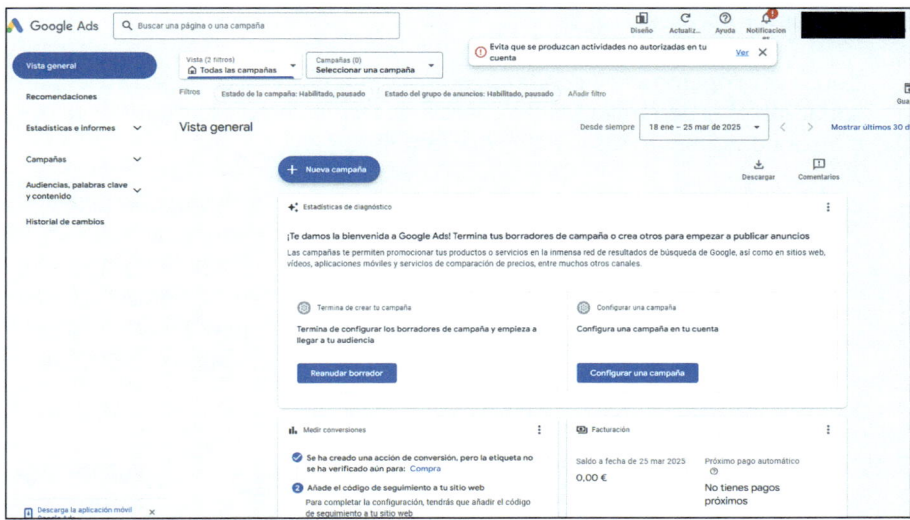

Vista General en Google Ads

Recomendaciones

Desde esta opción se puede acceder a sugerencias y optimizaciones que *Google Ads* nos brinda para poder mejorar el rendimiento de nuestras campañas. Hay que anotar que estas recomendaciones y sugerencias están basadas en el uso de la IA. En la siguiente imagen se puede ver el aspecto general de recomendaciones:

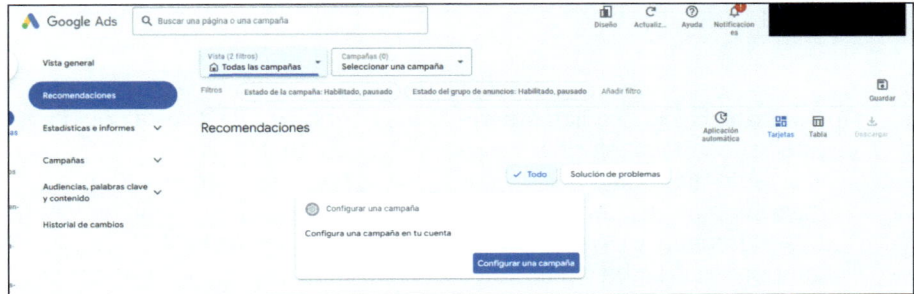

Recomendaciones en Google Ads

Estadísticas e informes

Desde esta opción se puede tener acceso a datos detallados, informes personalizables y herramientas de análisis de rendimiento. Dentro de esta opción encontramos las siguientes **opciones:**

◆ **Estadísticas.** Desde esta opción accedemos a datos fundamentales tales como: impresiones (veces que se mostraron tus anuncios), clics, CTR (Tasa de clics), conversiones, costo por conversión y ROI (Retorno de inversión). También se pueden realizar visualizaciones en tiempo real del rendimiento de las campañas establecidas así como comparativas con periodos anteriores. Un ejemplo de esta opción se localiza en al siguiente imagen:

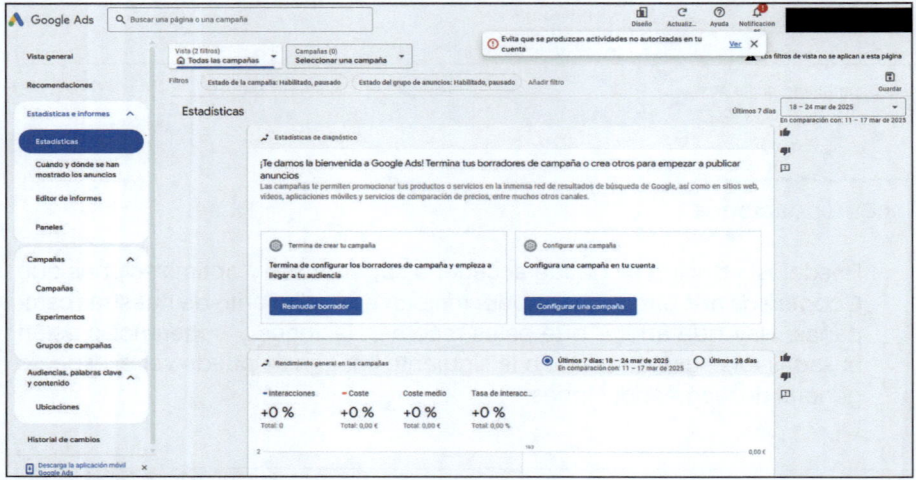

Estadísticas en Google Ads

◆ **Cuándo y dónde se han mostrado los anuncios.** Desde esta opción se puede acceder a información geográfica (como mapas y datos por países, regiones o ciudades así como zonas con mejor rendimiento). Además, también se puede obtener información de la distribución temporal (como horarios y días con más impresiones/clics y análisis de patrones temporales). También nos brinda la posibilidad de distribuir por móviles, ordenadores o *tablets*. Un ejemplo de esta opción se puede visualizar en la siguiente imagen:

Cuándo y dónde se han mostrado los anuncios en Google Ads 2025

🔵 **Editor de informes.** Desde esta opción se tiene acceso a funcionalidades tales como: creación de informes personalizados con arrastrar y soltar, combinación de múltiples métricas y dimensiones, filtros avanzados para segmentar datos, plantillas para informes recurrentes y exportación en varios formatos; a su vez los informes que *Google Ads* nos brinda son: de rendimiento, de atribución y de rutas de conversión.

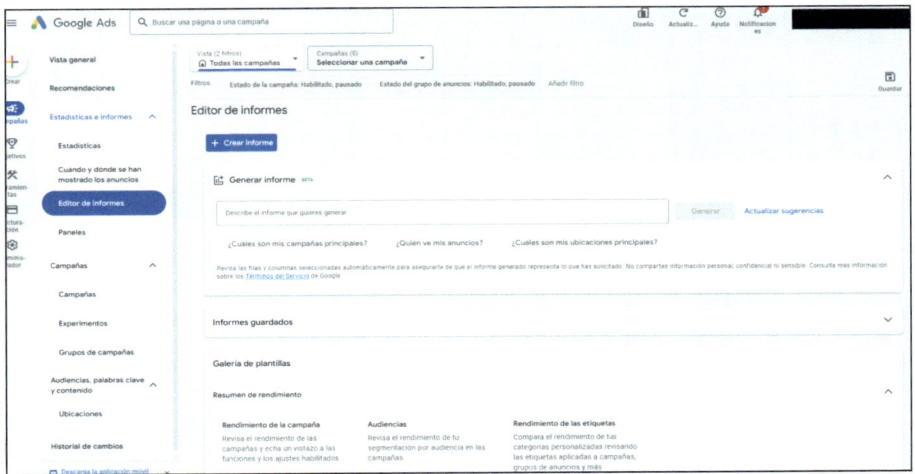

Editor de informes en Google Ads 2025

⮑ **Paneles.** Con esta opción se puede acceder a características tales como: vistas resumidas con *widgets* personalizables, gráficos interactivos, KPI destacados con comparativas, compartir paneles con otros usuarios y actualización automática de datos. *Google Ads* pone a nuestra disposición una serie de paneles predefinidos como son: de rendimiento general, de análisis de audiencia, de eficiencia de puja y conversiones por canal.

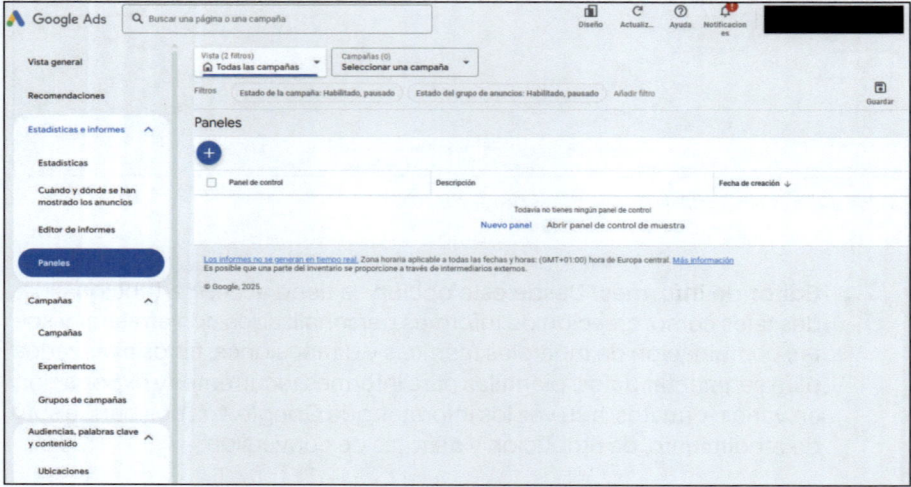

Opción de Paneles de Google Ads

Campañas

Desde esta opción tenemos disponible el centro de gestión desde el cual se pueden crear, editar y administrar todas las campañas publicitaras. Dentro de esta opción se pueden localizar las siguientes opciones:

⮑ **Campañas.** Desde esta opción se pueden realizar las siguientes acciones:

◔ Crear nuevas campañas
◔ Editar configuraciones
◔ Pausar, activar o eliminar campañas
◔ Ver métricas clave
◔ Filtrar y ordenar campañas

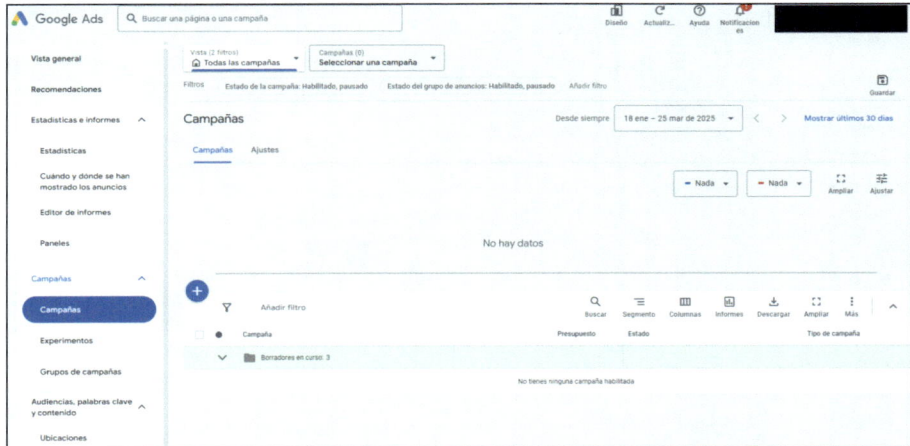

Campañas en Google Ads

➲ **Experimentos.** Desde esta opción se pueden llevar a cabo pruebas controladas para optimizar la campaña sin riesgos, los tipos de experimentos disponibles son los siguientes:

- ◑ Pruebas de puja
- ◑ Variaciones de anuncios
- ◑ Cambios en audiencias o palabras clave
- ◑ Nuevas extensiones o *assets*

Establecer este tipo de experimentos es muy fácil e intuitivo, bastará con crear un experimento basado en una campaña existente para a continuación dividir el tráfico, con un 50 % sobre la campaña original y otro 50 % variante, y con esta configuración quedaría analizar los resultados y aplicar los cambios si son positivos.

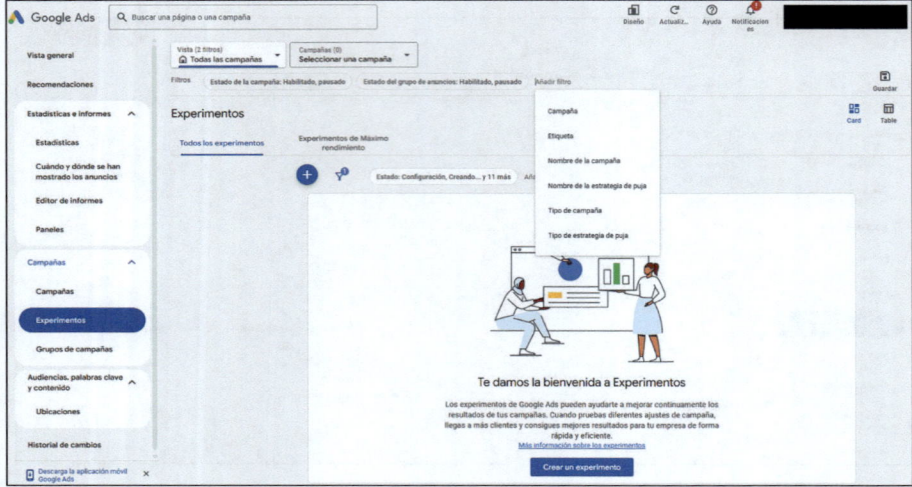

Opción de experimentos en Google Ads 2025

⮆ **Grupos de campañas.** Dentro de esta opción se localiza una organización avanzada para estructuras complejas que nos va a permitir:

⮋ Agrupar campañas por:

⇕ Productos o categorías
⇕ Regiones geográficas
⇕ Temporadas o promociones

⮋ Aplicar ajustes globales.
⮋ Comparar rendimiento entre grupos.

A continuación, en la imagen, se puede ver un ejemplo de esta opción:

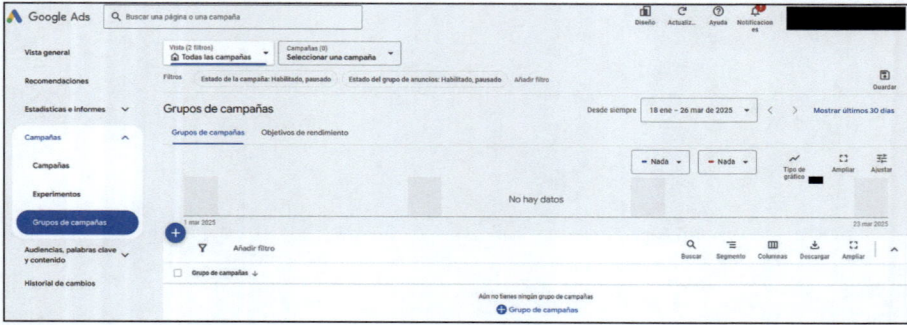

Grupos de campañas

Audiencias, palabras clave y contenido

Desde esta opción se tiene acceso a herramientas tales como:

- ⮞ Gestión de las audiencias
- ⮞ Investigación y administración de palabras clave
- ⮞ Controlar donde aparecen los anuncios

Dentro de esta opción se localizan las siguientes opciones:

- ⮞ **Ubicaciones.** Que a su vez esta opción se divide en dos partes:

  - ◑ **Ubicaciones.** Desde esta opción se puede controlar donde se van a mostrar los anuncios basado en la ubicación física de los usuarios. Los tipos de segmentación disponibles son:

    - ⇕ Países, regiones y ciudades
    - ⇕ Códigos postales
    - ⇕ Radios alrededor de una dirección
    - ⇕ Áreas personalizadas

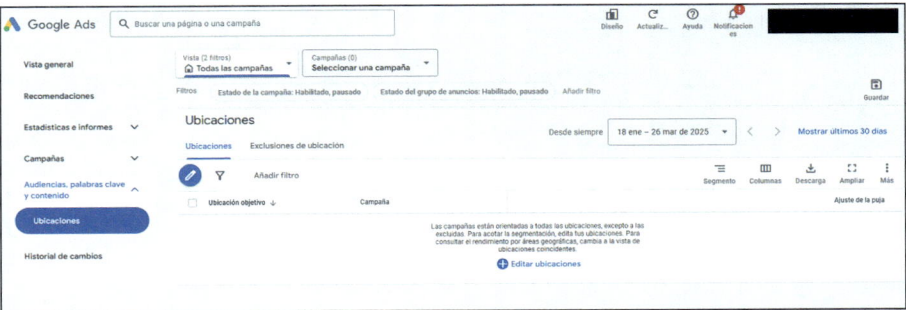

Ubicaciones

  - ◑ **Exclusiones de ubicaciones.** Desde esta opción se puede evitar que los anuncios aparezcan en zonas que no se desean o con un mal rendimiento, lo que se puede excluir es lo siguiente:

    - ⇕ Países o ciudades completas
    - ⇕ Áreas específicas dentro de una ciudad
    - ⇕ Lugares sensibles (escuelas, hospitales, bases militares, etc.)

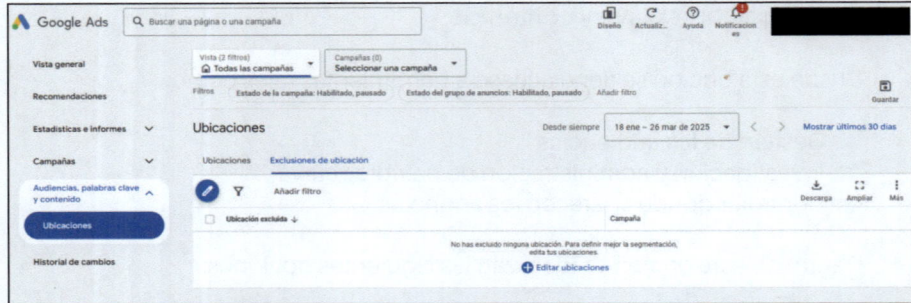

Exclusión de ubicaciones

Historial de cambios

Desde esta opción se tiene la posibilidad de registrar todas las modificaciones realizadas en la cuenta *Google Ads,* lo que es muy útil para realizar seguimientos, revisiones y cambios.

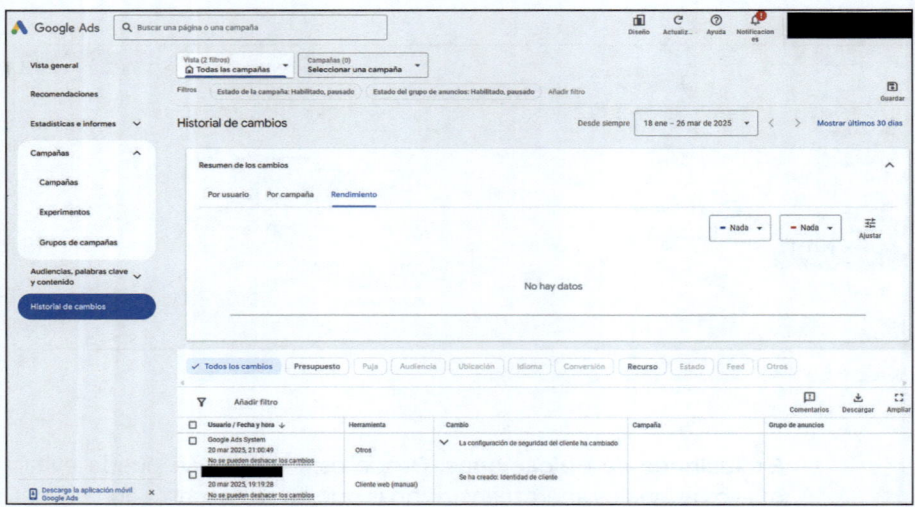

Historial de cambios en Google Ads

4. Resumen

Google Ads es un servicio y *software* perteneciente a *Google* y mediante el cual puedes **diseñar y planificar campañas de publicidad** para ciertos usuarios de internet.

A la hora de trabajar con *Google Ads* debes tener claro que se basa en **campañas,** las cuales, a su vez, constan de **anuncios;** dichos anuncios pueden ser fundamentalmente de los siguientes tipos:

Banners Vídeos

Imágenes Texto

También hay que conocer una serie de **normas y políticas** que se aplican en *Google Ads* y que debes tener presentes si no quieres ser sancionado; estas políticas se pueden resumir en cuatro bloques:

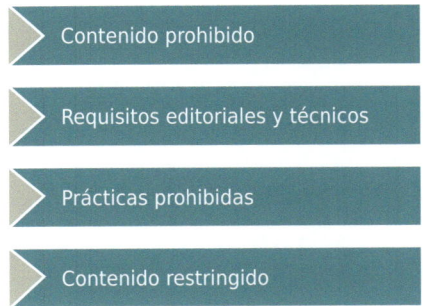

Contenido prohibido

Requisitos editoriales y técnicos

Prácticas prohibidas

Contenido restringido

Una vez que se tienen claros estos aspectos, se puede comenzar a usar *Google Ads*. Para ello, lo primero que hay que hacer es **darse de alta** y, una vez creada la cuenta, **acceder y realizar la configuración inicial** de *Google Ads*.

Ejercicios de autoevaluación
Unidad de Aprendizaje 1

1. Permite saber qué camino o ruta ha seguido un determinado usuario para realizar la conversión. Se trata de:

   a. Analítica web.
   b. Conversión.
   c. Red de *Display*.
   d. Atribución.

2. Para crear una cuenta en *Google Ads* es importante que el servidor de correo sea de:

   a. *Microsoft*.
   b. *Gmail*.
   c. *Hotmail*.
   d. *Yahoo*.

3. El *Copyrigth* se encuentra clasificado como:

   a. Contenido restringido.
   b. Contenido prohibido.
   c. Contenido editorial.
   d. Contenido técnico.

4. ¿Desde qué apartado de la barra de navegación de *Google Ads* puedes acceder a la biblioteca compartida?

   a. Campañas
   b. Informes
   c. Historial de cambios
   d. Herramientas y configuración

5. ¿Desde qué opción se puede acceder a todos los cambios o modificaciones que se hayan realizado en los dos últimos años en tu cuenta de *Ads*?

    a. Conversaciones.
    b. Conversiones.
    c. Historial de cambios.
    d. Atribución.

6. Indica cuál de las siguientes no es una opción de pago.

    a. Atribución.
    b. Código promocional.
    c. País de facturación.
    d. Contacto principal.

7. La cantidad de dinero que quieres utilizar en tu publicidad o anuncios día a día, se conoce como:

    a. Ubicaciones.
    b. Presupuesto.
    c. Palabras clave.
    d. Redes.

8. ¿Cómo te localizarán los usuarios de *Google*?

    a. A través de las audiencias.
    b. A través de las palabras clave.
    c. A través de las conversiones.
    d. Las opciones a y b son correctas.

9. Relaciona cada ítem con el bloque de normas o políticas de *Google Ads* al que pertenece:

    a. Contenido prohibido
    b. Prácticas prohibidas
    c. Requisitos editoriales y técnicos
    d. Contenido restringido

__ Alcohol, *branding.*
__ Falsificación de productos.
__ Forma de recoger y usar datos.
__ Requisitos de los destinos.

10. Relaciona cada opción con el menú de configuración de *Google Ads* al que pertenece, facturación y pagos o configuración de la cuenta.

a. Transacciones.
b. Formas de pago.
c. Cuentas vinculadas.
d. Transferencias de facturación.

Formatos y soportes publicitarios

Contenido

Objetivos

El objetivo general de esta Unidad de Aprendizaje es:

→ Crear campañas de anuncios de *Google Ads,* utilizando diferentes formatos y soportes publicitarios.

Los objetivos específicos de esta Unidad de Aprendizaje son:

→ Clasificar los tipos de anuncios disponibles en *Google Ads.*

→ Redactar un anuncio en *Google Ads* para la promoción de un producto.

→ Realizar la configuración de anuncios y campañas publicitarias.

→ Identificar URL destino y URL mostrada.

→ Describir los parámetros de URL.

1. Introducción

Mediante los **anuncios disponibles en *Google Ads*** el usuario accederá a tu sitio o página web, lo que te permitirá obtener un beneficio económico del mismo. Para conseguir esto hay que realizar, además, un **estudio de las palabras clave** (aquellas que los usuarios introducen en la caja del buscador para obtener resultados), lo que resulta vital para la localización de los anuncios por parte de los usuarios de la red de *Google*.

Además de las palabras clave, hay que tener en cuenta otros factores de diseño como son la **URL final,** la cual debe estar totalmente en sintonía con el anuncio que se ha insertado para esa URL; en caso de no estar en armonía, se puede producir frustración e inseguridad sobre los usuarios que visitan la web: abandono sin beneficio económico por parte del usuario en la web y con la repercusión de una difusión negativa por parte de este a otros usuarios.

Por lo tanto, dedicar un tiempo de **análisis al anuncio** que vas a insertar es fundamental para tener éxito en las campañas de anuncios que planifiques para los productos de tu sitio web o desarrollo.

En esta unidad verás los diferentes formatos de anuncios disponibles en *Google Ads* para poder trabajar con ellos (anuncios de texto, gráficos y de vídeo) que son, al fin y al cabo, los anuncios que verá el usuario y que tienen el fin de obtener un beneficio económico del mismo.

Para ello nos basaremos en el caso de la empresa GoAd; se verá cómo tratan un nuevo proyecto proveniente de un cliente nuevo o ya existente, cómo lo analizan, observan a la competencia, hacen un estudio de palabras clave, qué tipo de anuncio escogen, etc., y, todo ello, con el fin de redireccionar más tráfico desde el anuncio al sitio web del cliente para obtener más beneficio económico.

2. Tipos de formatos y soportes publicitarios

 **HILO CONDUCTOR**

GoAd es una empresa dedicada al posicionamiento web, diseño web y publicidad en *Google.* Saben que parte del éxito de conseguir redireccionar a un usuario

Continúa en página siguiente >>

<< Viene de página anterior

desde un anuncio hasta el sitio web del cliente se basa en el éxito del anuncio, es decir, en hacer que el usuario dirija su vista y su ratón hacia el anuncio que promociona el cliente.

Para ello es básico hacer uso de un formato y soporte publicitario que cumpla las reglas de juego (políticas) establecidas en *Google Ads.*

Al hablar de formatos y soportes publicitarios se está haciendo referencia a **cómo va a ser el anuncio** que tienes pensado elaborar dentro de una campaña para llamar la atención de los usuarios y conseguir así que visiten tu web.

2.1. Formatos y soportes

Google Ads se caracteriza por estar continuamente evolucionando, para ofrecer a todos sus clientes una gran variedad de formatos y soportes publicitarios que prácticamente se pueden adaptar a las necesidades y preferencias de cualquier usuario del mismo.

Formatos de publicidad en *Google Ads*

A continuación se presentan algunos de los **formatos de publicidad** más relevantes en *Google Ads,* los cuales son:

- ➲ **Búsqueda de *Google (Search Ads).*** Se corresponde con anuncios de texto que aparecen en la parte superior o inferior de la página de búsqueda de *Google.* Conocido también por las siglas SERP, estos anuncios se activan cuando los usuarios buscan palabras clave específicas que están relacionadas con nuestro anuncio o campaña de *marketing.* Este tipo de formato se clasifica en los siguientes **tipos:**

  - ◔ **Anuncios de texto.** Se corresponden con los clásicos que aparecen en los resultados de búsqueda de *Google.*
  - ◔ **Anuncios de búsqueda dinámicos.** También conocidos por DSA, se corresponden con anuncios que se generan de forma automática en función del contenido de nuestro sitio web.

↻ **Anuncios de búsqueda responsivos.** También conocidos por RSA, se corresponde con anuncios que combinan de forma automática encabezados, descripciones y URL para adaptarse a las búsquedas de los usuarios. Como curiosidad principal este tipo de mensajes, al ser responsivos, se adaptar perfectamente a la pantalla de cualquier dispositivo informático, da igual que sea un *smartphone,* una *tablet* o cualquier otro dispositivo informático.

➲ *Display* **y vídeo.** Este tipo de formato, continua siendo una herramienta fundamental para los anunciantes que quieren aumentar su visibilidad de marcas y llegar a determinadas audiencias de forma creativa y efectiva. En este tipo de formato podemos localizar la siguiente clasificación:

↻ **Anuncios de** *display responsivos.* Se corresponde con anuncios visuales cuya principal característica es que se adaptan a los diferentes tamaños y formatos en la red de *display* de *Google* de forma totalmente automática.

↻ **Anuncios de imagen.** Se corresponde con anuncios gráficos estáticos o animados que suelen aparecer en los sitios webs y en las aplicaciones.

↻ **Anuncios de video.** Se corresponden con anuncios de video los cuales se pueden clasificar en varias funciones que son las siguientes:

⇕ **Anuncios** *InStream.* Se corresponden con aquellos videos que se reproducen antes, durante o después de otro contenido de video en *YouTube* y en otros sitios asociados.

⇕ **Anuncios de** *Bumper.* Se corresponden con anuncios de videos de corta duración (generalmente de unos 5 a 10 segundos) y que se caracterizan porque el usuario no tiene forma de poder saltarlos.

⇕ **Anuncios de vídeo** *OutStream.* Se corresponden con anuncios de video que aparecen fuera de *YouTube,* en sitios web y aplicaciones.

⇕ **Anuncios de vídeo** *Discovery.* Se corresponde con anuncios que aparecen en la página de inicio de *YouTube,* en los resultados de búsqueda de *YouTube* y como sugerencias de vídeo.

➲ *Shopping.* Se corresponden con anuncios que muestran imágenes, precios y nombres de productos directamente sobre los resultados de búsqueda de *Google* y en la red de *Display.*

➲ **Aplicaciones.** Se corresponden con anuncios diseñados para promocionar la descarga de aplicaciones móviles, disponibles en formatos de texto, imagen y vídeo.

➲ **Local.** Se corresponden con anuncios que promocionan negocios físicos y aparecen en *Google Maps* y en los resultados de búsqueda local.

➲ *Discovery.* Se corresponden con anuncios visuales que aparecen en la pestaña de **Descubrimiento** de *Google,* en *Gmail* y en *YouTube.*

➲ **Smart.** También conocidas como campañas inteligentes, se corresponden con campañas totalmente automatizadas que usan el aprendizaje automático para la optimización de anuncios en múltiples formatos y soportes.

Soportes de publicidad en *Google Ads*

Actualmente, *Google Ads* ofrece una amplia variedad de soportes publicitarios que van a permitir a los usuarios o anunciantes llegar a su audiencia en diferentes plataformas, dispositivos y momentos del recorrido de un consumidor. Hay que destacar que estos soportes se han diversificado y evolucionado con el fin de adaptarse a las tendencias tecnológicas de hoy en día y de consumo (un ejemplo bien claro es el uso de dispositivos móviles frente a los típicos equipos informáticos de toda la vida).

Estos soportes se clasifican en los siguientes **tipos:**

➲ **Búsqueda de *Google*.** Se corresponden con los resultados de búsqueda orgánicos y patrocinados en Google.com.
➲ **Red de *Display* de *Google*.** Se corresponden con aquellos sitios webs y aplicaciones asociadas a *Google* que muestran anuncios gráficos y de vídeo.
➲ ***YouTube*.** Es una plataforma de video líder donde se pueden mostrar anuncios de video, *display* y *discovery*.
➲ ***Google Maps*.** Se corresponden con anuncios locales y promociones de negocios en *Google Maps*.
➲ ***Gmail*.** Se corresponden con aquellos anuncios que se pueden ver cuando entramos en la parte de **Promociones y Social** de una cuenta de *Gmail*.
➲ **Aplicaciones móviles.** Se corresponden con aquellos anuncios que aparecen en aplicaciones móviles a través de la red de *Display* y *AdMob*.
➲ **Dispositivos móviles y escritorio.** Se corresponde con anuncios que ha sido optimizados para diferentes dispositivos, incluyendo *smartphones, tables* y ordenadores personales.
➲ **Asistentes de voz y dispositivos inteligentes.** Se corresponde con anuncios que han sido adaptados para poder interaccionar a través de la voz con *Google Assistant* y otros dispositivos inteligentes.

Además de los anteriores, *Google* propone en 2025 crear tendencia con las siguientes novedades en cuanto a sus soportes:

- **Publicidad inmersiva.** En este caso se trata del uso de realidad aumentada y realidad virtual para crear experiencias publicitarias mucho más envolventes para los usuarios.
- **Automatización avanzada.** Se trata de dar un mayor uso de inteligencia artificial y aprendizaje automático para la optimización de campañas y la personalización de anuncios.
- **Privacidad y transparencia.** Se enfoca hacia la privacidad del usuario con opciones de publicidad basadas en el consentimiento y la transparencia en el uso de los datos.
- **Integración con comercio electrónico.** Consiste en el uso de herramientas avanzadas para integrar campañas de publicidad en plataformas de comercio electrónico y mejorar la conversión de estas.

 ACTIVIDAD COMPLEMENTARIA

4. María ha diseñado una web *online* para la venta de material de oficina y se encuentra redactando un anuncio de texto para potenciar las ventas de cuadernos A4.

   Diseña un anuncio de texto simple pero eficaz para la web de María.

2.2. Política de *Google* para los anuncios

Como has visto anteriormente, *Google* **revisará tus anuncios** (bien de texto, de imagen o de vídeo) y puede darse el caso de que sean rechazados si no cumplen las normas que establece *Google Ads*. En tal caso, dichos anuncios que han sido rechazados no pueden circular ni estar presentes en la red publicitaria de *Google* ni van a ser publicados por *Google*.

Google establece una **política en base a los anuncios,** la cual se basa en tres **pilares** fundamentales y que son los siguientes:

Editorial y formato
- Hacen referencia a las tres primeras líneas de texto del anuncio y normalmente *Google* va buscando que se cumplan estos tres requisitos:
  - **Limitación de caracteres:** título, texto y URL deben estar ajustados a las indicaciones dadas anteriormente.
  - **Precios, descuentos y ofertas:** todo precio, descuento y oferta que no sea reflejado en tu sitio web de forma clara y concisa será considerado por *Google* un anuncio no válido (recuerda que *Google* dispone de *bots,* que son los encargados de comprobar que el anuncio y tu sitio web cumplen esta característica).
  - **Puntuación y símbolos:** uno de los requisitos fundamentales para *Google* es que los anuncios que crees para usarlos no pueden tener más de un signo de admiración (!).

Contenido
- Estas políticas están relacionadas con los productos y servicios que se anuncian. Por ejemplo, es imposible pensar en un anuncio que promueva la compraventa de armas, o bien la compraventa de medicamentos y/o drogas.

Enlace
- Estas políticas hacen referencia a las URL que son visibles y a las de destino que aparecen en los anuncios de las campañas. Un ejemplo básico de estas políticas es que la URL debe ser lo más precisa posible (no puede dar lugar a equivocaciones) y también los enlaces al sitio web (provenientes de los anuncios de las campañas) deben dejar que el usuario entre al sitio web y pueda salir del mismo sin dificultad ninguna.

 ## PARA SABER MÁS

Puedes acceder a las políticas de *Google Ads,* desde su página oficial, y de esta forma saber qué comportamientos están prohibidos para no poner en riesgo nuestras campañas publicitarias. Accede desde aquí:

https://redirectoronline.com/ifcm008po0201

ACTIVIDAD COMPLEMENTARIA

5. José se ha registrado en *Google Ads* con el fin de potenciar su negocio basado en una tienda de ropa *online* para bebés y ya ha generado un anuncio de texto para unos biberones.

Ahora se ha planteado dar un paso más en su cuenta de *Google Ads* y, para ello, piensa en crear un anuncio gráfico para potenciar sus biberones de bebé y un anuncio de vídeo sobre el mismo tema.

Elabora este contenido diseñando para ello los anuncios que creas oportunos.

 ## TAREA 3

José acaba de registrarse en *Google Ads* con el fin de potenciar su negocio basado en una tienda de productos *online* para bebés. Se encuentra un poco perdido a la hora de generar un anuncio para unos biberones.

Partiendo de una clasificación de los tipos de anuncios disponibles en *Google Ads,* redacta un anuncio para el caso de José, justificando qué formato de anuncio vas a utilizar y por qué lo vas a usar (objetivos a conseguir con él).

---

3. Configuración de anuncios y campañas publicitarias

 ### HILO CONDUCTOR

En GoAd, una vez que tienen claro el formato y tipo de anuncio, pasan a una segunda fase donde se genera la configuración sobre las campañas y anuncios, elemento muy importante a la hora de tener éxito entre los usuarios de internet.

Como ya tienen mucha experiencia en la creación de campañas y anuncios, siempre que llevan a cabo una nueva campaña para la misma no planifican un

Continúa en página siguiente >>

<< *Viene de página anterior*

solo anuncio, sino que normalmente juegan con la creación de tres o cuatro anuncios para estudiarlos y ver cuál de ellos genera más tráfico de usuarios y más beneficios del sitio web en cuestión que se está anunciando.

Google Ads se basa en tres pilares fundamentales a la hora de realizar trabajos con él, estos tres pilares son: **cuenta, campañas y grupos de anuncios.**

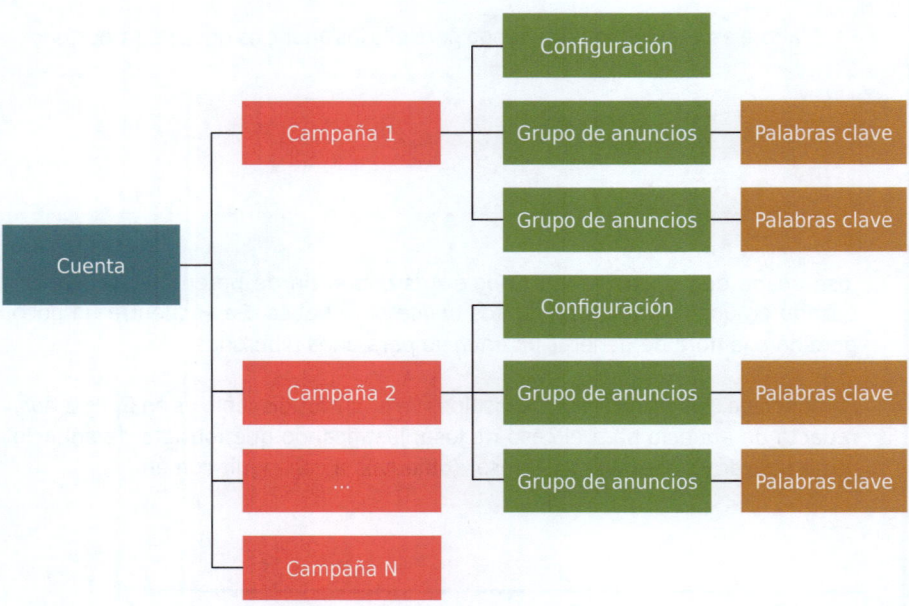

Recuerda que los pasos que necesitas para poder **crear una campaña publicitaria en *Google Ads*** son los siguientes:

> **1.** Crear una cuenta en *Google Ads*.

> **2.** Definir el objetivo de la campaña.

> **3.** Seleccionar el tipo de campaña.

Continúa en página siguiente >>

<< Viene de página anterior

4. Configurar la campaña (nombre, presupuesto, ubicaciones, etc.).

5. Crear grupos de anuncios.

6. Redactar los anuncios.

7. Seleccionar palabras clave (si es una campaña de búsqueda).

8. Establecer pujas.

9. Revisar y lanzar la campaña.

10. Monitorear y optimizar.

 **CONSEJO**

Es muy recomendable no limitarse a un anuncio por campaña, sino que cada campaña conste como mínimo de un par de anuncios, de esta forma llegarás mucho más rápido a los usuarios del buscador *Google.*

ACTIVIDAD COMPLEMENTARIA

6. Óscar y María son los propietarios de una farmacia y acaban de descubrir la herramienta de *Google Ads* para poder potenciar su presencia en internet.

   Diseña en tu cuenta de *Google Ads* una campaña con dos anuncios sobre un mismo producto farmacéutico que elijas (por ejemplo, tiritas para niños).

3.1. Planificador de palabras clave

A la hora de trabajar con las palabras o frases clave, *Google Ads* pone a tu disposición el **planificador de palabras clave,** que funciona como un simulador en la creación de nuevas campañas. Te permite buscar nuevas palabras clave, ver el rendimiento de una determinada lista de palabras clave de un anuncio o bien juntar varias listas de palabras clave para formar una nueva lista de estas.

Para acceder a esta opción hay que ir a la pantalla principal de *Google Ads,* y en la barra de navegación de la parte superior, hacer clic en **Herramientas y configuración,** y después en **Planificador de palabras clave.**

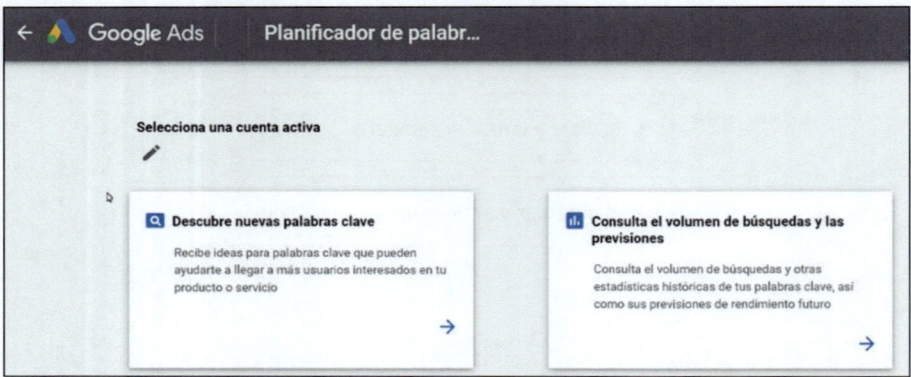

Planificador de palabras clave en Google Ads 2025

Usando el planificador de palabras clave, obtienes los siguientes **beneficios:**

Buscar palabras clave	Obtener estadísticas y previsiones de tráfico
Te proporcionará ayuda a la hora de localizar palabras clave y poder asignarlas a una campaña que tengas previamente creada. Además, también puedes usarlo para obtener ideas acerca de otras palabras clave en otros grupos de anuncios y poder aplicarlos al tuyo.	Gracias a este servicio puedes obtener informes y estadísticas acerca de las palabras clave y de su rendimiento en los distintos anuncios. Es de vital importancia, dado que así podrás establecer como palabras clave para tus campañas aquellas que tengan unas mejores estadísticas e informes.

3.2. Cómo crear una campaña en *Google Ads*

A continuación, vas a ver un ejemplo de **cómo crear una campaña en *Google Ads*.** Se va a crear una campaña para una empresa que se dedica a la venta de zapatos: "El zapato veloz y barato" (<www.zapatovelozybarato.com>). Hay que realizar cuatro pasos para configurar dicha campaña:

Análisis de palabras clave	Creación de anuncios originales	Optimización	Seguimiento y comprobación

Análisis de palabras clave

Lo primero que debes hacer y lo fundamental es ponerte en la piel del usuario de *Google*, es decir, pensar qué escribiría el usuario para localizar tu anuncio o página web. En este caso resulta fácil pensar en la palabra clave "zapatos". Ya tienes una primera aproximación para empezar a investigar las palabras clave de tu anuncio a través de la palabra clave "zapatos". Además, los zapatos de esta empresa se dividen en dos categorías: zapatos de hombre y zapatos de mujer; "zapatos de hombre" correspondería con otra posible palabra clave mientras que a "zapatos de mujer" le ocurre lo mismo. Puedes empezar a "jugar" con estas tres posibles palabras clave.

A continuación, puedes usar la herramienta de *Google* para analizar las palabras clave que has elegido. Si introduces estas palabras, podrás observar que la lista de coincidencias es muy amplia (casi 10.000). Esto te indica que son buenas palabras clave para poder usarlas. Además, al usar la herramienta anterior, *Google* te ofrece otras palabras clave relacionadas con la que has obtenido información; un ejemplo es la palabra clave "zapatos modernos" o "zapatos originales", que puedes usar en tus palabras clave a modo de extensión de las mismas. Pero, además de todo esto, existe la "concordancia de palabras clave", basada en establecer un filtrado para evitar el tráfico que no quieres que acceda a tu web. Dispones de las siguientes **concordancias:**

Concordancia amplia
- Es la usada por defecto en *Google Ads,* aunque esto no implica que sea la mejor de todas. Gracias a esta, la palabra clave permite que el anuncio que estás planificando se muestre en los resultados de búsqueda de *Google* (inclusive con diferentes variaciones). En el ejemplo de palabra clave "zapatos de hombre", el anuncio no solo se hará visible en los resultados de búsqueda cuando el usuario busque "zapatos de hombre", sino también cuando un usuario busque "zapatos" u "hombre". De ahí que usar esta concordancia no sea siempre la mejor opción de todas.

Concordancia exacta
- Esta concordancia se dará cuando el usuario del buscador *Google* introduzca en la caja de texto las palabras y solo las palabras "zapatos de hombre"; por ejemplo, si introduce "hombre de zapatos", el anuncio no se mostraría (tiene que ser obligatoriamente la palabra clave tal cual). Como contrapartida, tienes que anotar que este tipo de concordancia produce muy poco tráfico del anuncio a tu sitio web, pero el tráfico que produce es de mucha más calidad que el anterior (como ventaja hay que anotar que se pagará a *Google* mucho menos por CPC). La concordancia exacta se representa por [ ], en este caso "[zapatos de hombre]".

Concordancia de frase
- Esta concordancia se producirá cuando un usuario teclee en el buscador de *Google* una frase en la que aparezcan los términos que conforman tus palabras clave, da igual el orden en que aparezcan. Por ejemplo, si alguien introduce "hombre con zapatos de tacón" en el buscador de *Google,* como tu palabra clave es "zapatos de hombre" y estas palabras aparecen en la frase que el usuario ha escrito en el buscador, tu anuncio estará disponible para que lo vea el usuario. La concordancia de frase se representa con comillas, por ejemplo "zapatos de hombre de fiesta".
- Una vez que tengas elegidas las palabras clave más eficientes y relevantes para la creación de la campaña del anuncio, es cuando debes crear al anuncio.

Creación de anuncios originales

Para que las palabras clave funcionen correctamente en el anuncio que vas a crear tiene que haber una sintonía entre los elementos (palabras clave y anuncio). De nada sirve realizar un análisis a fondo de palabras clave cuando el texto que compone al anuncio es poco original o de mala calidad. A la hora de trabajar con el anuncio debes tener en cuenta lo siguiente:

⊃ **Título:** se corresponde con la parte más importante del anuncio, dado que es lo primero que el usuario se va a encontrar a la vista. Se recomienda usar las palabras clave escogidas para el anuncio en el título (en este caso sería usar en el título "zapatos de hombre"). Pero debes ser cauto a la hora de establecer el título, puesto que *Ads* te permite únicamente usar 25 caracteres en el título (incluidos los espacios, signos de puntuación, etc.).

⊃ **Descripción:** es una de las partes más importantes del anuncio, ya que en la descripción vas a intentar contentar al usuario para que haga clic en el anuncio y acceda a tu sitio web. Algunos consejos en el momento de elaborar la descripción del anuncio son:

◑ En la medida de las posibilidades, intentar incluir las palabras clave en la descripción; con esto se consigue que el usuario haga clic en el anuncio, pues las palabras clave que ha introducido en el buscador de *Google* las ve reflejadas en la descripción del anuncio.

◑ A la hora de redactar la descripción, adoptar un lenguaje imperativo usando expresiones tales como: "ahorre", "compare", "llame", "reserve", "compre", "benefíciese", etc.

◑ Hacer especial mención en la descripción a las ventajas que estás ofertando en el anuncio. Normalmente, en la medida de tus posibilidades, intenta que en la primera línea de la descripción encaje lo que quieres ofrecer y deja la segunda línea de la descripción para destacar mucho más la oferta, incitando así a la persona que ha introducido esas palabras clave a hacer clic en tu anuncio y, por lo tanto, redirigirlo hacia tu sitio o desarrollo web.

⊃ **URL:** es importante que coincida el anuncio con la URL a la que vas a dirigir a tu posible cliente potencial. Por ejemplo, un error muy común es anunciar "sombreros modernos" y redirigir a una página que contiene bolsos para mujer. Con esta acción estás creando una inseguridad y desconfianza en la persona que te ha buscado. Por lo tanto, es de vital importancia que haya sintonía entre el nombre del dominio (URL) y el anuncio en sí.

Optimización

Optimizar para un o unos determinados usuarios del buscador de *Google* será clave para que tus anuncios y campañas sean exitosas desde el primer momento. Por este motivo, se recomienda que, cuando se redirige de un anuncio, no se haga a la página principal *(index)* de tu desarrollo o sitio web, sino que se cree una página específica a la que redireccionar cuando se pulse el anuncio por parte del usuario. Así pues, para la creación de esta página se aconseja seguir una serie de pautas:

⊃ Que la página a la que se redirecciona contenga las palabras clave que aparecen en el anuncio que el usuario ha pulsado.

⊃ La página debe de contener información que sea relevante, precisa y exacta; mostrando además toda la información en la primera mitad de la página.

⊃ Definir claramente lo que quieres obtener del usuario, normalmente será un proceso de compraventa o bien un proceso de alta (como parte equivalente a una captación de clientes).

⊃ Conviene no tener demasiados enlaces que puedan llevar a confusión al usuario o visitante de tu anuncio. Lo mejor es centrarlo todo en torno a un solo enlace que le lleve al fin perseguido: la compraventa.

⊃ Facilitar tus datos de forma clara y concisa. Por ejemplo, mostrando el número de teléfono puedes crear en el usuario un efecto de "tranquilidad": si tiene algún problema cuenta con un número de teléfono al que llamar para poder obtener soporte y que su problema sea solucionado lo más brevemente posible.

⊃ En la página que crees para la redirección del anuncio es muy importante tener las secciones o apartados de "Aviso legal" y "Política de privacidad", que normalmente serán situadas al pie de página. Si, además, tienes que realizar envíos de tus mercancías, no estaría de más crear una sección de "Envíos". Con esto aumentas la confianza y seguridad por parte del usuario/cliente hacia ti o tu marca.

⊃ Una buena herramienta para poder analizar las visitas que tienes, de dónde recibes las visitas y el tiempo que pasan los usuarios/visitantes en tus páginas es *Google Analytics*.

Seguimiento y comprobación

Una vez que has tenido en cuenta todos los factores anteriores, tu campaña está en marcha y tienes colocado el anuncio en la red de *Google* para que los usuarios accedan a él mediante el uso de palabras clave, te tocará ir realizando seguimientos periódicamente de los anuncios para poder comparar resultados y, sobre todo, con el objetivo de aplicar mejoras o actualizaciones en las campañas para obtener más visitantes. *Ads* te ofrece la posibilidad de realizar un "Informe de seguimiento de una campaña en *Google Ads*"; para ello, analizará automáticamente los datos generados por las campañas y te propondrá modificar las ofertas de pujas, el presupuesto diario, las palabras clave, entre otras funciones.

ACTIVIDAD COMPLEMENTARIA

7. José está pensando en crear una nueva campaña para potenciar los chupetes de bebé personalizados que tiene en su tienda web *online*. En base a esto, establece, como mínimo, cinco palabras clave para dos anuncios en la misma campaña sobre los chupetes personalizados, para aumentar las ventas de los mismos.

Cuando estás realizando campañas con *Google Ads*, debes tener en cuenta una serie de **parámetros,** que son los siguientes:

- **CTR:** es un porcentaje (%) mediante el cual puedes saber la frecuencia con la que los usuarios que ven tu anuncio en la red hacen clic en él. Este parámetro es muy usado a la hora de medir el rendimiento de las palabras clave y los anuncios. Para su cálculo se usa la siguiente formula: dividir el número de clic que recibe el anuncio entre el número de veces que se muestra en la red. Un CTR alto indica que los usuarios han recibido con mucha aceptación la campaña. El CTR debería de ser, al menos, de un 1 %; todo lo que tengas por debajo de este porcentaje está invitando a que revises y/o modifiques la campaña publicitaria.
- **Conversión:** es uno de los parámetros clave en una campaña de *Google Ads,* dado que refleja de forma muy exacta el resultado de la misma. Es muy importante que tengas en cuenta que *Ads* no ofrece de forma automática la conversión; pero puedes solventar este problema insertando un código de conversión en la página de destino del anuncio y usar *Google Analytics* para ver los resultados.
- **Coste de inversión:** debes tener presente que *Google* no obliga a una inversión mínima para obtener resultados; pero sí es recomendable establecer desde el primer momento un presupuesto para cumplir con las metas de tu campaña de anuncios. Dicho presupuesto puede ser consultado y modificado en el momento que quieras.
- **CPC:** el Coste por Clic es aplicado en aquellas palabras clave que son altamente usadas por los usuarios de la red de *Google* para localizar información. Por eso mismo, en la fase de análisis de palabras clave, conviene usar palabras que no sean muy costosas. Para ello puedes usar la herramienta que *Google* te brinda para analizar las palabras clave.
- **Presupuesto diario:** otro concepto a tener en cuenta a la hora de planificar campañas de anuncios es el presupuesto diario que estás dispuesto a gastar en los anuncios; lo ideal es establecer desde un primer momento este presupuesto con el fin de poder controlar de forma directa la inversión y controlar mucho mejor el análisis de los resultados de las campañas.

⮑ **ROI:** se define como el beneficio que se obtiene de los anuncios respecto de la cantidad económica invertida en ellos. Se calcula mediante la siguiente formula: (Ingresos – Coste de productos vendidos) / (Coste de productos vendidos). Por ejemplo, si un producto cuesta producirlo 150 € y lo vendes por 300 €, suponiendo que logras vender 6 unidades de este producto mediante un anuncio en la plataforma *Google Ads,* el total de la venta es de 1.800 €; si se suponen unos costes en *Ads* de 200 €, quedaría el siguiente ROI: (1.800 – (900 + 200)) / (900 + 200), que equivaldría a un 63,63 %.

PARA SABER MÁS

Accede al siguiente artículo en el que se proporciona información valiosa sobre las 10 mejores estrategias de puja en *Google Ads* utilizadas por expertos en PPC (Pago por Clic). Está dirigido a profesionales de *marketing,* anunciantes y dueños de negocios que buscan optimizar sus campañas publicitarias en *Google Ads.*

https://redirectoronline.com/ifcm008po0202

TAREA 4

José se ha dado cuenta de que crear un solo anuncio en una campaña no es lo óptimo. Por este motivo, ha pensado en crear un nuevo anuncio de texto, gráfico y vídeo sobre los biberones que pretende potenciar.

En base a esto, realiza la elección de palabras clave escogiendo para ello una lista de palabras eficientes para su anuncio y otra lista con posibles palabras clave negativas, para evitar los clics no deseados.

4. URL de destino y URL mostrada

☞ HILO CONDUCTOR

En GoAd, cuando se encuentran en la fase de creación de campañas y anuncios publicitarios, saben que es muy importante que la URL de destino y la URL mostrada tengan cierta concordancia para no provocar desconfianza por parte del usuario, ya que este puede llegar a pensar que es un anuncio trampa que lo redirige hacia un sitio que no tiene nada que ver con sus palabras clave de búsqueda introducidas en el buscador de *Google*, con lo cual lo más lógico es que no acceda a él.

Además del usuario, también saben que tienen que tener cuidado con las políticas internas de *Google Ads* para que el anuncio no sea calificado negativamente (con las consecuencias que acarrea) o eliminado de la red de *Google* búsquedas.

Cuando estás creando campañas y, a su vez, anuncios para que sean insertados en la red de *Google* y localizados por los usuarios a través de las palabras clave que introducen en la caja de texto de *Google*, se dispone de **dos URL:**

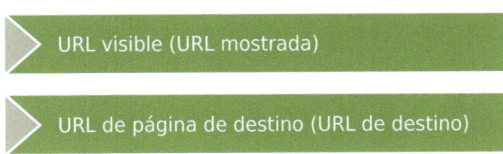

Mediante el uso de estas URL se puede **redirigir de forma fácil a los usuarios a un sitio web.**

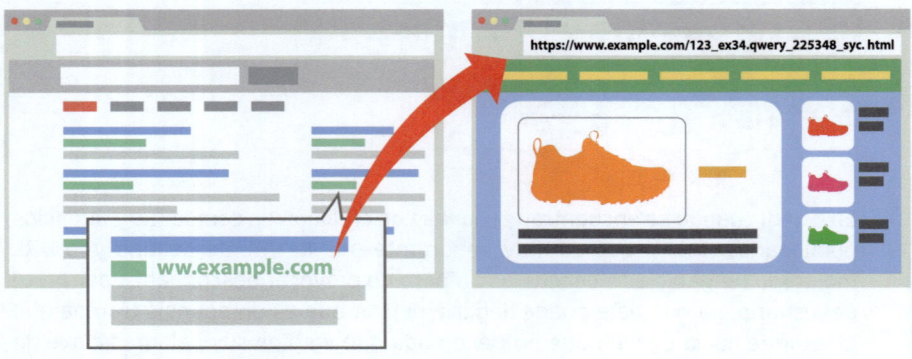

Equivalencia entre URL destino y URL mostrada

 **RECUERDA**

Es importante redirigir al usuario hacia una página personalizada.

4.1. URL visibles

La URL visible se corresponde con aquella dirección del sitio o desarrollo web que es mostrada en el anuncio generado por una campaña. Normalmente, en los anuncios de texto, esta URL se puede distinguir rápidamente porque aparece visible en color verde junto a un icono etiquetado como "Anuncio".

Ejemplo de una URL visible (URL mostrada)

4.2. URL de página de destino

La URL de destino es aquella que es **usada para redirigir a los usuarios** desde el anuncio que es mostrado en el buscador de *Google* hacia tu sitio o desarrollo web. La URL de página de destino puede estar compuesta por los siguientes elementos:

URL final	Plantilla de seguimiento
Es obligatorio que aparezca. Se trata de la dirección URL a la que vas a redirigir al usuario cuando haga clic en el anuncio. Como curiosidad se puede anotar que, para la mayoría de anuncios, la URL de página de destino es exactamente igual a la URL final.	Es opcional. Si optas por usar un seguimiento en la URL final, lo que haces es definir una plantilla de seguimiento que se usa para generar la URL de página de destino. Por plantilla de seguimiento se entiende el campo que debes incluir para la información del seguimiento. Para ello, se usarán los parámetros de URL, que se verán más adelante.

Parámetros de URL

Gracias a estos parámetros que van incluidos en la URL, se puede realizar un **seguimiento de los usuarios que hacen clic en el anuncio.** Debes tener una serie de características presentes a la hora de trabajar con parámetros de URL:

- Los parámetros de URL están formados por una clave y un valor, separados por el signo '=' y unidos por el símbolo '&'.
- El primer parámetro de una URL va siempre detrás del signo de interrogación.
- Los parámetros de URL normalmente se añaden al final de la URL final.

 **EJEMPLO**

Observa estos parámetros en la siguiente dirección:

- <http://unsitioweb.com?product=3092480912&utm_source=google>

Dispone de tres **tipos de parámetros URL** que puedes usar:

Parámetros URL generales
- Este tipo de parámetros te van a permitir transferir información a tu sitio o desarrollo web. Por ejemplo, en la siguiente dirección se puede ver cómo se redirecciona a la página 43.678 del sitio web: *http://example.com?productid=43678*

Parámetros de seguimiento de URL generales
- Gracias a estos parámetros vas a poder registrar y obtener información acerca del seguimiento del anuncio de la campaña. Es importante saber que no son generados por *Google,* por lo tanto, tienes que hacerlo por cuenta propia.
- En la siguiente dirección puedes ver cómo se usa un parámetro que indica de dónde procede el usuario que ha visitado la página a través de un anuncio en particular; en este caso se usa *"utm_source=google"* para saber que el usuario procede de *Google:* *http://example.com?utm_source=google*

Parámetros ValueTrack
- La función de estos parámetros es la de registrar información sobre el anuncio. Representan el valor en un parámetro de URL. Por ejemplo, se puede usar el parámetro *"network"* para saber de antemano de qué red procede el clic (si de la red de búsqueda o de la red de *Display de Google).*

APLICACIÓN PRÁCTICA

Eres el administrador de una tienda de ropa *online* cuyo sitio web es, por ejemplo, <http://www.unejemplo.com>, y quieres realizar el seguimiento de los usuarios en tu anuncio, más concretamente saber qué dispositivo están usando estos cuando hacen clic en el anuncio. ¿De qué forma podría hacerse esto?

Solución

Para este caso en concreto se usarían los valores "lpurl" y "device" en la plantilla de seguimiento, la cual tendrá un aspecto parecido al siguiente:

$$\{lpurl\}?device=\{device\}$$

De tal forma que, cuando un usuario del buscador *Google* localice tu anuncio y haga clic en él, la URL tendrá un formato como el siguiente:

$$<www.unejemplo.com/?device=c>$$

Gracias a este parámetro de *Value Track*, el *software* de seguimiento es capaz de determinar desde qué tipo de dispositivos los usuarios se están conectando cuando hacen clic en el anuncio para ser redirigidos al sitio o desarrollo web.

- -

A continuación, escanea los siguientes códigos para ver los **parámetros *Value Track*** que tienes disponibles para usar en el seguimiento con *Google Ads*.

Sufijo de URL final
- En el campo "Sufijo de URL final" se pueden introducir parámetros que se incluyen al final de las URL de las páginas de destino, para que se pueda hacer el seguimiento efectivo de cuáles son las que visitan los usuarios.

Plantilla de seguimiento
- Plantillas ya elaboradas que incluyen la información para hacer el seguimiento.

Continúa en página siguiente >>

<< *Viene de página anterior*

> **Parámetro personalizado**
> - Se inserta un parámetro personalizado en una URL para realizar el seguimiento de los clics. Los parámetros de URL constan de una clave y un valor separados por el signo "=" y unidos por el signo "&". El primer parámetro, aparece siempre después de un signo de interrogación.
> - Por ejemplo: *http://example.com?producto=1234*

Google Ads dispone de una serie de **parámetros personalizados** que se pueden usar en la URL de destino del anuncio. A diferencia de los parámetros *Value Track,* con estos vas a poder elegir **qué valores registrar cuando un determinado usuario de** *Google* **hace clic en tu anuncio.**

¿Dónde vas a poder utilizar los parámetros personalizados?

Puedes hacer uso de ellos en los siguientes sitios:

⮕ **En la campaña**: para utilizar parámetros personalizados en la campaña accede a *Google Ads,* y haz clic en **Todas las campañas**. Ahora, en la izquierda, selecciona la campaña que desees y haz clic en **Configuración.** Desplázate hasta abajo y pulsa sobre **Configuración adicional** y selecciona **Opciones de URL de campaña**. En parámetros personalizados, introduce el parámetro que desees y haz clic en **Guardar.**

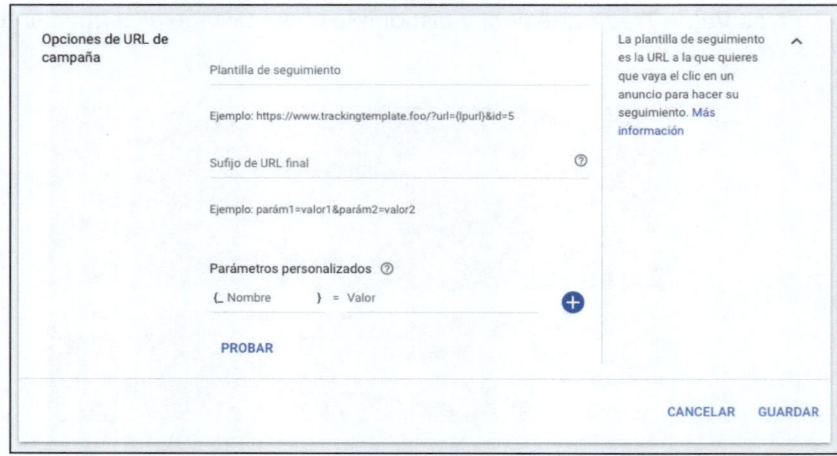

Parámetros en Campañas

⊃ **En los anuncios:** para insertar parámetros en los anuncios, inicia sesión en *Google Ads,* haz clic en la campaña en la que se incluye el anuncio que deseas modificar y haz clic en **Anuncios y extensiones,** en la barra de la izquierda. Selecciona las casillas de los anuncios en los que desees incluir parámetros personalizados y pulsa sobre **Editar** (en la barra azul que aparecerá).

⊃ A continuación, selecciona **Añadir parámetros** e introduce el nombre y el valor de los parámetros que deseas. Haz clic en **Añadir** y, por último, en **Aplicar.**

ANUNCIOS	EXTENSIONES	EXTENSIONES AUTOMÁTICAS

Cambiar los parámetros personalizados (2 anuncios seleccionados)

◉ Añadir parámetros { Nombre } = Valor

○ Establecer parámetros AÑADIR

○ Quitar parámetros

○ Buscar y remplazar

○ Añadir al texto

APLICAR VISTA PREVIA CANCELAR

*Parámetros en **Anuncios***

En grupos de anuncios o una palabra clave

Para insertar parámetros inicia sesión en *Ads,* accede a la pestaña **Palabras clave** o **Grupo de anuncios;** a continuación, haz clic en **Columnas** y selecciona **Modificar columnas**. Aparecerá un menú, en el cual debes hacer clic sobre **Atributos** y pulsar sobre **Parámetro personalizado** y hacer clic en **Aplicar.** A continuación, deberás pasar el cursor sobre la columna de **Parámetro personalizado** y hacer clic en el icono del lápiz cuando aparezca. Ahí, deberás introducir el nombre y el valor que desees. Por último, guarda los cambios.

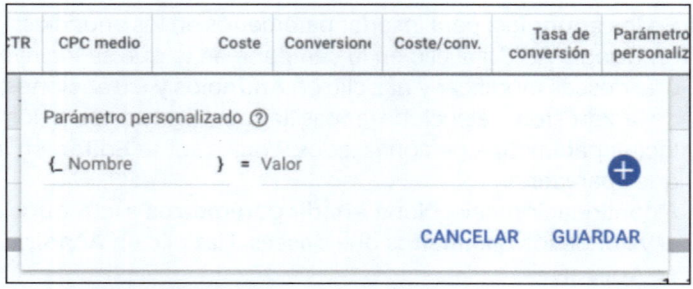

*Parámetros en **Palabras clave***

En el enlace del sitio: inicia sesión en *Ads,* accede a **Anuncios y extensiones,** después pulsa sobre **Extensiones** y haz clic en el botón con el signo **+.** Ahí, haz clic en **Extensión de enlaces de sitio.** Una vez ahí, coloca el cursor en cualquier lugar de las extensiones incluidas en la tabla. Haz clic en **Opciones de URL de enlace de sitio** y en **Parámetro personalizado** introduce los valores correspondientes para posteriormente guardar y continuar con tu trabajo.

 PARA SABER MÁS

Accede al siguiente enlace en el que se proporcionan las instrucciones para configurar parámetros personalizados en *Google Ads:*

https://redirectoronline.com/ifcm008po0207

A la hora de trabajar con las URL, hagas o no seguimiento, tienes que **comprobar y asegurarte de que el anuncio te está redirigiendo al sitio web** que quieres que vean los usuarios; dado que, de lo contrario, no tendrá sentido ninguno la configuración de dicha campaña con sus correspondientes anuncios.

Lo ideal es **probar la página de destino,** que te dará un mensaje en función del cual puedes solventar el error cometido, si lo hubiera.

- ➲ **Página encontrada:** todo es correcto, localizando *Ads* la página de destino a la que redireccionar cuando se pulsa en el anuncio.
- ➲ **Error de coincidencia de URL final:** la página de destino y la URL final no tienen el mismo dominio, la solución más idónea es que ambas URL compartan el mismo dominio para que no seas penalizado.
- ➲ **Error desconocido / de la herramienta:** normalmente sucede cuando se produce un error por parte de los servidores de *Ads*; la solución más idónea es volver a intentarlo pasado unos minutos.
- ➲ **Página no encontrada:** hay problemas, *Ads* no ha sido capaz de localizar la página de destino. Suele lanzar el Error 404. Se aconseja revisar los patrones de seguimiento, los parámetros personalizados y la URL final (dado que es altamente probable que hayas cometido el error en dichas configuraciones).
- ➲ **No se han encontrado anuncios aptos:** normalmente sucede cuando no hay anuncios que puedan ser probados en el grupo de anuncios. Lo ideal es crear campaña (si no estuviera creada) y proceder a la configuración de un anuncio.
- ➲ **El dominio del sitio web está vacío:** este problema sucede cuando te deja vacío el campo "Dominio del sitio web" que se encuentra localizado en "Configuración de campaña". Dándole un valor adecuado se solventa el problema.

 TAREA 5

José redirige mal el tráfico del anuncio hacia su web porque no se basa en las políticas que *Google* establece para los anuncios, pero, si quiere tener éxito, tendrá que solucionar este problema.

Partiendo de esto, ayuda a José a seguir ese paso correcta y lógicamente. En el caso de los chupetes personalizados, ayúdale a que la URL final cumpla con los requisitos de tener las palabras clave y contenido personalizado en torno a las mismas.

Asimismo, distingue entre la URL destino y URL mostrada, y describe los parámetros de la URL que utilizarías.

5. Resumen

Google Ads se basa en tres pilares fundamentales a la hora de realizar trabajos con él, estos tres pilares son: **cuenta, campañas y grupos de anuncios.**

Los pasos para crear campañas con anuncios en *Google Ads* son los siguientes:

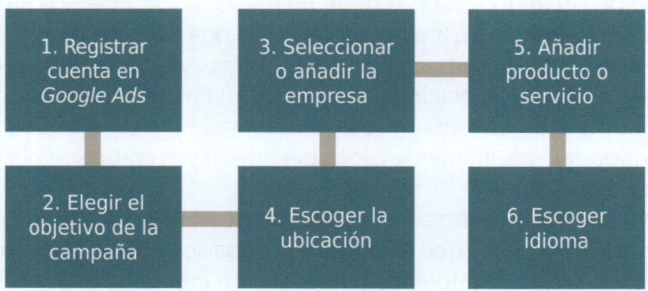

Además, a la hora de publicar anuncios disponemos de los siguientes formatos:

- Búsqueda de *Google (Search Ads)*
- *Display* y Vídeo
- *Shopping*
- Aplicaciones
- Local
- *Discovery*
- *Smart*

Y, no podemos olvidar los siguientes soportes disponibles:

- Búsqueda de *Google*
- Red de *Display* de *Google*
- *YouTube*
- *Google Maps*
- *Gmail*
- Aplicaciones móviles
- Dispositivos móviles y escritorio
- Asistentes de voz y dispositivos inteligentes

Y para el anuncio están disponibles las URL:

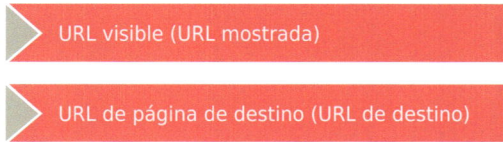

URL visible (URL mostrada)

URL de página de destino (URL de destino)

Es importante que, junto con todo lo anterior, **se cumpla la política interna y las reglas de *Google Ads*** porque, de lo contrario, *Google* penalizará los anuncios (la forma más benévola sería la supresión del anuncio en la red de búsqueda de *Google* y el peor escenario sería el bloqueo y cancelación de la cuenta que implicaría tener que empezar todo un proceso de campañas y anuncios desde cero).

Ejercicios de autoevaluación
Unidad de Aprendizaje 2

1. Indica si la siguiente afirmación es verdadera o falsa: "El planifica-dor de palabras clave de *Google Ads* sirve para obtener estadísticas y previsiones de tráfico".

   ■ Verdadero
   ■ Falso

2. ¿Cómo se denomina el porcentaje que permite saber la frecuencia con la que los usuarios que ven un anuncio en la red hacen clic en él?

   a. Conversión.
   b. CTR.
   c. ROI.
   d. CPC.

3. ¿Cómo se llaman los parámetros que ayudan a registrar información sobre el anuncio en la URL?

   a. Real URL.
   b. Valores de seguimiento.
   c. ValueTrack.
   d. Display URL.

4. ¿Qué paso no es necesario para crear una campaña?

   a. Seleccionar el objetivo.
   b. Obtener estadísticas y previsiones de pago.
   c. Seleccionar el idioma.
   d. Guardar la campaña.

5. Ordena los pasos a seguir para crear una campaña publicitaria:

   a. Incluir información de pago y facturación.
   b. Definir el presupuesto.
   c. Elegir el obetivo de la campaña.

   d. Redactar el anuncio.
   e. Escoger la ubicación.

6. ¿Qué paso no se corresponde con la configuración de la campaña?

   a. Creación de anuncios originales.
   b. Seguimiento y comprobación.
   c. Pujas.
   d. Análisis de palabras clave.

7. ¿Cómo se calcula el ROI?

   a. (CPC – Coste de productos vendidos) / (Coste de productos vendidos).
   b. (Ingresos – Coste de productos vendidos) / (CPC).
   c. (Ingresos – CPC) / (Coste de productos vendidos).
   d. (Ingresos – Coste de productos vendidos) / (Coste de productos vendidos).

8. La dirección del sitio web que es mostrada en el anuncio generado por una campaña se conoce como:

   a. URL interna.
   b. URL externa.
   c. URL redireccionamiento.
   d. URL visible.

9. Los parámetros URL están formados por:

   a. Una letra y un número.
   b. Por los datos introducidos por el usuario.
   c. Una clave y un valor.
   d. Por los datos automáticos que genera *Google*.

10. Señala los parámetros a tener en cuenta a la hora de realizar campañas con *Google Ads*:

   a. Clic.
   b. CPC.

c. Tráfico de usuarios.
d. Presupuesto diario.
e. Opinión de los usuarios.
f. ROI.

Ventajas de uso de *Google Ads*

Contenido

1. Introducción
2. Ventajas e inconvenientes de usar *Google Ads*
3. Investigación de mercados
4. Análisis de palabras clave
5. Temas y subtemas
6. Organización de la cuenta
7. Coste
8. Resultados: *ranking* de anuncios
9. Analizando a la competencia
10. Aprendiendo de los errores
11. Resumen

Objetivos

El objetivo general de esta Unidad de Aprendizaje es:

→ Realizar un uso correcto de *Google Ads,* para aprovechar las ventajas que ofrece y obtener así óptimos resultados

Los objetivos específicos de esta Unidad de Aprendizaje son:

→ Enumerar las ventajas e inconvenientes que puede tener el uso de *Google Ads*.

→ Establecer los temas y subtemas para una campaña de anuncios en *Google Ads*.

→ Configurar la cuenta de *Google Ads*.

→ Seleccionar las palabras clave más acordes al anuncio a crear en *Google Ads*.

→ Realizar el seguimiento de la competencia.

→ Describir los errores más comunes al usar *Google Ads* y la solución a adoptar ante los mismos.

→ Valorar la importancia de la posición de un anuncio en el *ranking*.

1. Introducción

Siempre que se apuesta por una tecnología/servicio, esto conlleva la aceptación de una serie de **ventajas y desventajas** que previamente se deberían conocer o tener en cuenta a la hora de realizar dicha apuesta.

Google Ads, además de aportar grandes ventajas, permite **vender un producto o servicio en cualquier parte del mundo** a cualquier persona que disponga de un dispositivo adecuado y conexión a internet; también aporta una serie de desventajas que hay que conocer para que las campañas de anuncios sean más eficientes de cara a la competencia.

Asimismo, hay que ser bastante minuciosos a la hora de escoger las palabras clave con las que se va a interactuar en el título, descripción y URL del anuncio. Pero no solo hay que quedarse en la elección de dichas palabras clave, sino llevar a cabo un análisis de rendimiento de las mismas (en el caso de que no cumplan lo esperado, modificarlas por otras que posicionen mejor). Para ello se dispone de una herramienta en *Google Ads* para tal fin.

A lo largo de la unidad se verán las ventajas e inconvenientes del usar *Google Ads*, además de las acciones a llevar a cabo para obtener los resultados esperados.

También nos centraremos en los errores que suelen cometer los usuarios inexpertos en *Google Ads*, así como la solución que se puede adoptar en cada caso para solventar dichos errores.

Para ello nos basaremos en la experiencia de GoAd a la hora de trabajar con nuevos proyectos de clientes; lo primero que harán será realizar un estudio en profundidad del cliente para obtener la máxima información posible, así como analizar también a la competencia más directa.

2. Ventajas e inconvenientes de usar *Google Ads*

 HILO CONDUCTOR

GoAd es una empresa dedicada al posicionamiento web, diseño web y publicidad en *Google*. Cuando comienzan una nueva campaña de anuncios para un nuevo

Continúa en página siguiente >>

<< *Viene de página anterior*

cliente, tienen muy claro que, de partida, tienen que tener un presupuesto definido y una fecha de inicio de la campaña junto con su respectiva fecha de fin.

Pero además de todo esto, deberán realizar una serie de análisis tanto de las palabras clave escogidas para las campañas de anuncios como un análisis de la competencia más directa que pueda afectar al nuevo cliente.

Como siempre, al hacer uso de una herramienta *software* tienes que pensar en la repercusión positiva (beneficios) que te aportará, pero también en la repercusión negativa (inconvenientes) que te generará.

Debes pensar que si *Google Ads* es usado hoy en día por millones de empresas de posicionamiento y negocios *online* a nivel mundial es porque va a generar **más beneficios que inconvenientes.** A pesar de que los generará, cuanta más experiencia tengas en la planificación y desarrollo de campañas de anuncios en *Google Ads,* más fácil y cómodo te será solucionar los inconvenientes que surjan.

2.1. Ventajas de usar *Google Ads*

Google Ads es una de las herramientas más poderosas para la publicidad en el mundo digital, ofreciendo una serie de ventajas clave para empresas y para anunciantes. Algunas de las principales **ventajas** del uso de *Google Ads* son las siguientes:

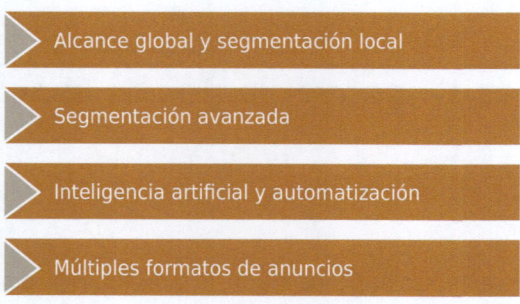

Alcance global y segmentación local

Segmentación avanzada

Inteligencia artificial y automatización

Múltiples formatos de anuncios

Continúa en página siguiente >>

<< Viene de página anterior

Medición y análisis en tiempo real

Flexibilidad y control

Innovación continua

Competitividad en el mercado

Integración con otras herramientas de *Google*

Escalabilidad

Alcance global y segmentación local

Google Ads nos permite llegar a audiencias en todo el mundo actual, lo que es totalmente ideal para empresas con presencia internacional o que buscan expandirse en este mercado mundial de forma rápida.

Además de lo anterior, se pueden dirigir campañas a audiencias específicas en áreas geográficas concretas (a diferencia del alcance global la segmentación local se suele centrar en un entorno más reducido y próximo a la empresa), lo que es perfecto para negocios locales o campañas de tipo regional.

Segmentación avanzada

Con el uso de datos de primera mano y *machine learnig, Google Ads* nos permite crear audiencias con un alto nivel de segmentación basadas en comportamientos, intereses y demografía.

Además de lo anterior, se pueden mostrar anuncios personalizados a usuarios que ya hayan interactuado con nuestro sitio, desarrollo web o app, aumentando de esta forma las posibilidades de conversión.

Inteligencia artificial y automatización

Google Ads hace uso de algoritmos de IA para optimizar las campañas en tiempo real, haciendo ajustes de pujas, en las segmentaciones y en las creatividades buscando como objetivo principal la maximización del ROI.

Además del uso de algoritmos de IA, en plataforma de *Google Ads* obtendremos sugerencias basadas en datos para mejorar el rendimiento de las campañas, como pueden ser cambios en las palabras clave, ajustes en torno al presupuesto o mejoras en los anuncios.

Múltiples formatos de anuncios

Como se ha visto anteriormente, *Google Ads* dispone de varios tipos de formato de anuncios, lo que puede ser un poco frustrante para un usuario que no tenga muchos conocimientos respecto a *Google Ads*. Los formatos de anuncios más usados dentro de *Google Ads* son los siguientes:

- ➲ Anuncios de búsqueda. Son aquellos que aparecen en los resultados de búsqueda de *Google,* capturando de esta forma la intención del usuario en el momento exacto.
- ➲ Anuncios de *display*. Permiten llegar a los usuarios mientras navegan por sitios webs y apps, ideal para aumentar un reconocimiento en una marca.
- ➲ Anuncios de video. En plataformas como *YouTube,* este tipo de anuncios son altamente efectivos para *engagement* y conversiones.
- ➲ Anuncios de *shopping*. Ideales si se integran en un escenario de comercio electrónico dado que muestran productos directamente en los resultados de la búsqueda, con imágenes, precios y reseñas.

Medición y análisis en tiempo real

Google Ads hace uso de métricas detalladas sobre el rendimiento de las campañas, incluyendo clics, impresiones, conversiones y más.

Además, también nos permite llevar un seguimiento muy detallado del comportamiento del usuario, desde el clic hasta la conversión, ayudando a comprender y entender el ROI de cada campaña que hay creada con la herramienta de *Google Ads*.

Flexibilidad y control

Con *Google Ads* se puede establecer y ajustar el presupuesto en cualquier momento (incluso cuando la campaña ya está iniciada) lo que nos permite tener el control en todo momento y no realizar un gasto más excesivo del que se tenía planificado o presupuestado.

Con *Google Ads* se tiene que tener claro que solamente vamos a pagar cuando algún usuario hace clic en nuestro anuncio, este punto de vista puede ser una opción rentable y atractiva para muchos negocios.

Innovación continua

Google Ads está en constante evolución, incorporando nuevas herramientas y características con el fin de aprovechar al máximo las últimas tendencias en tecnología, como la publicidad programática y la integración con dispositivos IoT.

Además la plataforma de *Google Ads* es actualizada con frecuencia para adaptarse a los cambios en el comportamiento del consumidor y las regulaciones de privacidad.

Competitividad en el mercado

Google Ads usa un sistema de subastas en tiempo real para asegurarse que los anunciantes obtengan la mejor posición al mejor precio. Al hacer uso de *Google Ads,* se puede decir que directamente competimos con otras empresas y nos aseguramos que nuestra marca está visible frente a clientes potenciales.

Integración con otras herramientas de *Google*

En este caso podemos hablar de dos herramientas que pueden integrarse perfectamente con *Google Ads,* y son las siguientes:

- ➲ *Google My Business.* Se corresponde con una herramienta ideal para negocios locales que va a permitir mostrar información clave como dirección, horarios y reseñas directamente en los anuncios.
- ➲ *Google Merchant Center.* Esta herramienta resulta muy útil para campañas de *shopping,* dado que facilita la gestión de catálogos de productos.

Escalabilidad

Google Ads es totalmente escalable, lo que implica que podemos empezar con un presupuesto muy pequeño o ínfimo e ir aumentando la inversión a medida que se van viendo los resultados.

Además de lo anterior es posible también crear campañas para diferentes etapas del *funnel* de *marketing,* desde la generación de *awareness* hasta la conversión.

 PARA SABER MÁS

Google pone a nuestra disposición todo tipo de ayuda y soporte para que obtengamos el máximo rendimiento de la plataforma *Ads.* Además, también pone a nuestro alcance la certificación de *Partner Oficial de Ads.* Accede desde aquí:

https://redirectoronline.com/ifcm008po0301

2.2. Inconvenientes de usar *Google Ads*

Aunque anteriormente se ha descrito a *Google Ads* como una herramienta muy poderosa y efectiva para la publicidad en el mundo digital, se deben conocer algunos inconvenientes que las empresas y anunciantes deberían considerar a la hora de usar esta herramienta de *Google.* Algunos de los **inconvenientes** del uso de *Google Ads* pueden ser los siguientes:

- ⊃ Costo elevado
- ⊃ Complejidad de la plataforma
- ⊃ Dependencia de la calidad del anuncio
- ⊃ Fraude y clics no válidos
- ⊃ Cambios en las políticas de privacidad

- Dependencia de Google
- Saturación del mercado
- Limitaciones en la creatividad
- Riesgo de sobreoptimización

Costo elevado

Debemos de pensar que en industrias que sean altamente competitivas, el costo por clic (CPC) puede ser muy elevado, especialmente para palabras clave populares. Para pequeñas empresas o *startups* con presupuesto más ajustados, puede ser difícil competir con empresas más grandes que tienen más recursos para invertir en publicidad.

Complejidad de la plataforma

Google Ads es una plataforma compleja dado que dispone de muchas funcionalidades y opciones de configuración, lo que puede ser un poco abrumador sobre todo para personas que no estén familiarizadas con este mundo o bien para principiantes que se inician en este mundo *Ads*. Requiere una gestión y optimización constantes para mantener el rendimiento, lo que puede llegar a consumir mucho tiempo y recursos.

Dependencia de la calidad del anuncio

El rendimiento de una campaña determinada va a depender en gran medida o directamente de la calidad de los anuncios de la misma, incluyendo el texto, las imágenes y la relevancia. Un anuncio que no esté correctamente diseñado puede dar como resultado un bajo CTR *(Clic-Through Rate)* y un alto CPC. Esto es así dado que *Google* asigna una puntuación a los anuncios de una campaña, que afecta directamente al costo y la posición del anuncio. Mantener una puntuación alta requiere esfuerzo continuo.

Fraude y clics no válidos

Cuando hablamos de fraude nos estamos refiriendo o bien a *bots* o bien a competidores que pueden hacer clic en nuestros anuncios con el único objetivo de agotar el presupuesto. Aunque no hay que alertarse, dado que *Google* dispone de sistemas para detectar y reembolsar clics que se hayan considerado como no válidos, aunque si hay que anotar que no siempre es posible recuperar todo el gasto perdido.

Cambios en las políticas de privacidad

Cuando hablamos de cambios en las políticas de privacidad, en realidad a lo que se está haciendo referencia (hablando desde el punto de vista Europeo) es al RGPD, el cual puede limitar la cantidad de datos que *Google* puede recopilar y utilizar para la segmentación de anuncios. Dado que *Google* dispone de menos datos disponibles, la segmentación precisa de audiencias puede volverse más difícil, afectando la efectividad de las campañas.

Dependencia de *Google*

Google está constantemente actualizando su algoritmo, lo que puede implicar que afecte al rendimiento de las campañas sin previo aviso. Desde este punto de vista, depender de una sola plataforma puede ser un riesgo grande, especialmente si *Google* opta por cambiar sus políticas o sus tarifas de manera significativa puntualmente.

Saturación del mercado

También hay que ser realistas y apuntar que en muchos sectores el espacio publicitario de *Google* está saturado, lo que puede dificultar destacarse entre la multitud. Los usuarios, en este caso, están expuestos a una gran cantidad de anuncios, lo que puede conllevar una fatiga publicitaria y una disminución efectiva de los anuncios.

Límites en la creatividad

No hay riendas sueltas a la creatividad, *Google* tiene políticas estrictas sobre el contenido de los anuncios, lo que puede limitar la creatividad y el mensaje que se desea transmitir. Cierto es que dispone de mucha variedad en cuanto a los formatos de anuncios, pero estos están bastante estandarizados, lo que puede limitar la capacidad de diferenciarse visualmente.

Riesgo de sobreoptimización

La presión por obtener resultados inmediatos puede llevar a una sobreoptimización que no necesariamente puede ser beneficiosa para la marca a largo plazo. Depender demasiado de *Google Ads* puede llevar a descuidar otras estrategias de *marketing* como pueden ser el SEO y el contenido orgánico.

Impacto en la experiencia del usuario

Hay que pensar en que ciertos usuarios pueden llegar a percibir los anuncios como algo intrusivo, especialmente si no están bien segmentados, lo que afectará directamente a una experiencia del usuario negativa. Por otro lado, el actual uso creciente de bloqueadores de anuncios puede reducir la visibilidad de los anuncios, especialmente en los dispositivos móviles o aquellos que tengan menos pulgadas de pantalla.

 PARA SABER MÁS

En la siguiente web puedes acceder a una entrada de blog en la que se explica porqué algunas campañas de *Google Ads* fracasan. Accede desde aquí:

https://redirectoronline.com/icmf008po0302

3. Investigación de mercados

 HILO CONDUCTOR

En GoAd saben que, a la hora de iniciar un nuevo proyecto, cuentan con mucha información proveniente de los nuevos clientes; pero ellos siempre buscan la manera de hacer destacar al nuevo cliente sobre el resto de competencia directa que pueda tener.

Su filosofía es la de destacar siempre por encima de la competencia más directa, ofertando novedades a sus clientes; de esta forma atraen a más usuarios.

Hoy en día es una realidad que **millones de personas recurren a internet antes de tomar una decisión en la compra** de algún producto necesario para ellos (para ver el aspecto, para consultar especificaciones técnicas, para conocer la opinión de otros usuarios al respecto, etc.).

Cada vez que los usuarios de *Google* realizan este tipo de búsquedas, se obtiene y almacena una gran cantidad de información:

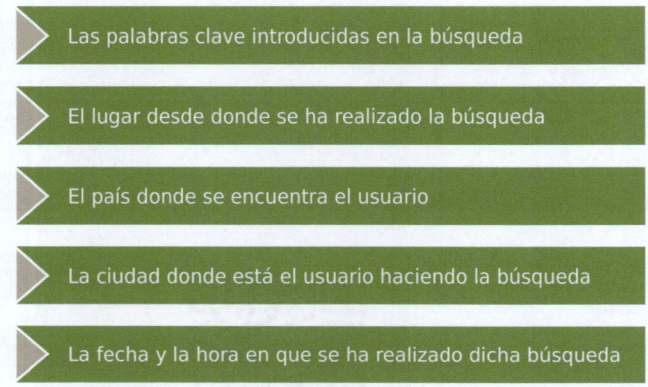

Las palabras clave introducidas en la búsqueda

El lugar desde donde se ha realizado la búsqueda

El país donde se encuentra el usuario

La ciudad donde está el usuario haciendo la búsqueda

La fecha y la hora en que se ha realizado dicha búsqueda

Y lo mejor de todo es que, como usuario de *Google Ads*, puedes acceder a esta información que se obtiene y almacena a través del **Planificador de palabras clave** de *Ads*.

Puedes considerar **internet como un mercado** en el que puedes vender casi cualquier producto o servicio, y en el que, *a priori*, puedes desarrollar servicios o sitios webs para cubrir esas necesidades (los cuales no tienen por qué tener el éxito garantizado).

NOTA

Lo ideal sería primero pensar en obtener visitantes (usuarios) al sitio web que estás desarrollando para, una vez que eres "conocido", ir mejorando el sitio o desarrollo web.

Algunas **técnicas de *marketing*** usadas en internet te pueden ayudar a conseguir el objetivo anterior, estas son:

Optimización	Aumento de referencias	Promoción en redes sociales
Es de vital importancia mantener actualizado y al día el sitio o desarrollo web, sobre todo para poder facilitar la vida al motor de búsqueda de *Google* y poder así aumentar posiciones en los resultados de búsqueda. Normalmente esta técnica se conoce por el nombre de "Optimización *OnPage*".	Denominada en el mundo de posicionamiento como "Optimización *OffPage*", consiste en aumentar todo lo posible los *links* a las páginas de tu sitio web desde otros sitios web. Con esto ganas autoridad y confianza no solo del usuario, sino también por parte del buscador *Google* que te clasificará mejor en los resultados de búsqueda.	Hoy en día, las redes sociales tipo *Instagram*, *Facebook* o *X*, son fundamentales en la vida de millones de personas y, por lo tanto, un buen potencial para aumentar el tráfico de usuarios hacia tu sitio o desarrollo web.

Cuando se habla de **investigaciones de mercado** hay una serie de preguntas que debes plantearte y a las que debes dar respuesta.

- **¿Cuál es el enfoque de tu sitio web y qué propósito vas a alcanzar con él?:** quizá debas plantearte el siguiente escenario: es más probable tener éxito con una web dedicada a algo concreto que con una web que abarque demasiadas cosas (este último puede ser un objetivo a considerar a largo plazo).
- **¿Cómo es el mercado disponible para el desarrollo pensado?:** solo por creer que tu idea en internet va a tener éxito no implica que vaya a ser así, mucho menos porque, *a priori*, se vea un mercado amplio. Es más coherente optar por un mercado ya formado y darle o aplicar un enfoque distinto (una vuelta de tuerca) que aporte algo novedoso y creativo, llamando por tanto la atención de los usuarios.
- **¿Cuál es la competencia directa e indirecta de tu desarrollo?:** es lógico que, si tienes mucha competencia, ya sea directa o indirecta, todo te costará mucho más trabajo; sin embargo, si no dispones de ningún tipo de competencia, también tienes otro problema: no existe mercado.
- **¿Estás ante un consumo rápido y voraz?:** siempre que dispongas de productos mejores que la competencia, de precios más baratos, de sitios web más atractivos y novedosos, y, sobre todo, de anuncios llamativos

y creativos, captarás más tráfico de usuarios hacia tu sitio web. A mayor consumo y rapidez, mejor oportunidad de mercado para tu sitio web.

➲ **¿Buscas beneficio económico?:** normalmente la mayoría de sitios web tienen como objetivo generar beneficios económicos a través de los usuarios de la red de *Google*. Deberías tener bien definido este concepto desde el primer momento, sobre todo de cara a no confundir a los usuarios dado que puedes obtener los resultados contrarios a los esperados.

➲ **¿Por qué deberían de visitarte y/o comprarte?:** la simple idea de colgar una web o desarrollo en internet no garantiza el tráfico de usuarios a tu sitio. Normalmente, tienes que "captar" la atención de los usuarios hacia los que están segmentados (mercado al cual van dirigidos tus productos o servicios).

➲ **¿Qué ofrece tu sitio web que otros no ofrezcan?:** está claro que, para diferenciarte del resto en cualquier aspecto de la vida, tienes que destacar como sea, pero mejor que el resto. En *Ads* ocurre lo mismo; mientras más creativo, original y novedoso seas, más captarás la atención de los usuarios de la red de *Google*. Normalmente suelen aplicarse unas técnicas rápidas para captar usuarios como: precios más bajos que el resto o bien valor añadido (ofrecer algo más que el resto no ofrece y que contente al usuario, como gastos de envío gratis).

4. Análisis de palabras clave

☞ HILO CONDUCTOR

En GoAd saben lo importante que son las palabras clave, dado que, a través de ellas, los usuarios de *Google* accederán a sus clientes y por lo tanto a sus sitios web.

Dado que ya tienen amplia experiencia, lo primero de todo es hacer un análisis de las palabras clave elegidas y escoger palabras paralelas para usarlas en un segundo anuncio; de esta forma, se podrá saber cuál es el rendimiento de unas y de otras y, por lo tanto, gestionar mejor el tráfico de usuarios mediante el anuncio en el que mejor se comporten sus palabras clave.

- -

Es muy recomendable que, cada cierto tiempo (dependiendo de las necesidades de cada proyecto o desarrollo web), realices una evaluación o análisis de las palabras clave que has escogido para los anuncios de la campaña.

Para ello, puedes realizar un **rendimiento de las palabras clave** siguiendo estos pasos:

Normalmente, para medir el rendimiento de las palabras clave, se acude a los siguientes **elementos:**

Segmentos	Columnas	Filtros
Se trata de obtener información de las palabras clave, pero segmentadas en función de los términos de búsqueda.	Aquí cada palabra clave obtiene una puntuación del 1 al 10, siendo 1 el nivel más bajo y 10 el más alto.	Los filtros te van a permitir buscar determinadas palabras para ver el rendimiento de las mismas.

Si lo que necesitas es saber si una determinada palabra clave hace que tu publicación se active, puedes realizar un **diagnóstico de palabras clave.**

Para ello, los **pasos a seguir** a la hora de realizar un diagnóstico de palabras clave de forma individual son los siguientes:

1. **Inicio de sesión:** iniciar sesión en *Google Ads*.
2. **Acceso a Campañas:** hacer clic en la pestaña **Campañas.**
3. **Acceso a Palabras clave:** hacer clic en la pestaña **Palabras clave.**
4. **Estado de la palabra clave:** colocar el cursor del ratón encima de **Estado.** Si no muestra anuncios, aparecerá una explicación de por qué y un *link* de ayuda para solventarlo. En caso contrario, se mostrará un informe del nivel de calidad, relevancia de la palabra clave y el tiempo de carga de la página de destino.

En el caso de que quieras realizar el **diagnóstico de varias palabras clave,** los pasos a seguir son los siguientes:

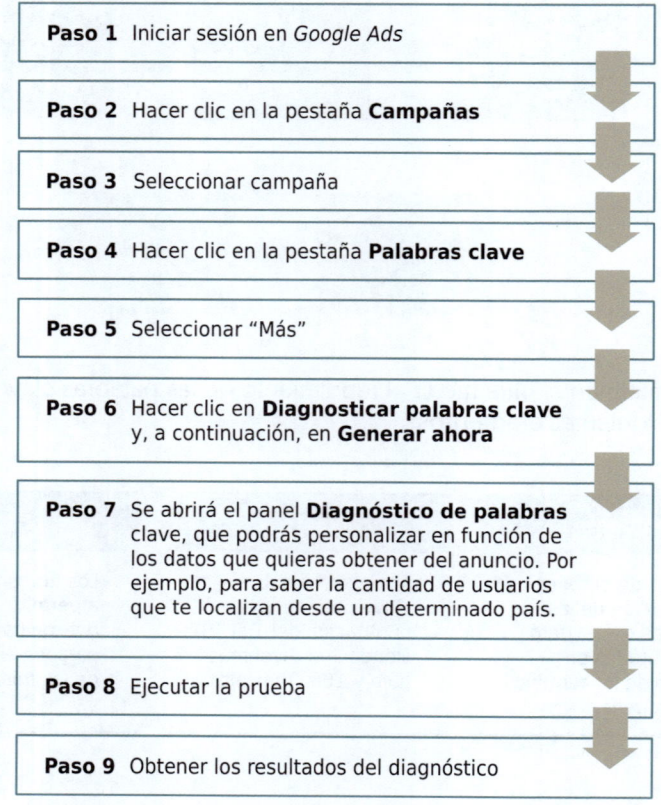

Paso 1	Iniciar sesión en *Google Ads*
Paso 2	Hacer clic en la pestaña **Campañas**
Paso 3	Seleccionar campaña
Paso 4	Hacer clic en la pestaña **Palabras clave**
Paso 5	Seleccionar "Más"
Paso 6	Hacer clic en **Diagnosticar palabras clave** y, a continuación, en **Generar ahora**
Paso 7	Se abrirá el panel **Diagnóstico de palabras clave**, que podrás personalizar en función de los datos que quieras obtener del anuncio. Por ejemplo, para saber la cantidad de usuarios que te localizan desde un determinado país.
Paso 8	Ejecutar la prueba
Paso 9	Obtener los resultados del diagnóstico

NOTA

Este diagnóstico es especialmente interesante para utilizar en las **campañas de búsqueda.**

5. Temas y subtemas

☞ HILO CONDUCTOR

En GoAd saben que es importante clasificar en temas y subtemas a los anuncios, dado que llegan de forma mucho más específica a los usuarios de internet a los que van dirigidos.

Tienen la siguiente filosofía: ¿de qué sirve mostrar un anuncio que no está relacionado con un tema y subtema en la web donde se muestra? Al fin y al cabo, el usuario no hará clic en dicho anuncio porque no está relacionado con las palabras clave que ha introducido en el buscador de *Google*...

Un **tema** es una segmentación que permite clasificar, en base a un determinado rango, los anuncios; por ejemplo, si se escoge el tema "Automóviles", los anuncios se mostrarán en los sitios web cuya temática esté relacionada con "Automóviles".

Y un **subtema** es una segmentación dentro de un tema y que va asociado al mismo. Por ejemplo, para el caso anterior del tema "Automóviles" se puede escoger como subtema "Furgonetas".

👁 EJEMPLO

Para entender rápidamente el concepto de "tema" en *Google Ads* imagina la siguiente situación: eres artista y te dedicas a ganarte la vida con tu música; tal y como están las cosas hoy en día, habría que pensar en usar la herramienta de *Ads* para crear campañas con anuncios de tu música (bien sea audio o vídeo), sobre todo en webs dedicadas a esta temática: música.

Si lo piensas lógicamente, ¿de qué sirve que tu música esté insertada, por ejemplo, en una página dedicada a la economía? ¿No será más fácil llegar a aquellos usuarios que estén realizando búsquedas sobre música? El otro sitio de economía está muy bien para anunciarte, pero seguramente no obtendrás los resultados esperados.

Continúa en página siguiente >>

<< *Viene de página anterior*

Ahora imagina el escenario de que tu música es del tipo "pop", ya tienes un subtema asociado a tu tema principal "música".

Cuando trabajas con temas y subtemas, puedes combinarlos del siguiente modo:

Orientación por tema y ubicación	Orientación por tema y palabras clave
Te sirve para que tus anuncios aparezcan automáticamente en los sitios con contenido relacionado en la red de *Display,* los cuales también puedes escoger específicamente.	Primero se toma la determinación de dónde se van a mostrar los anuncios y, una vez tomada, se tienen en cuenta las palabras clave. Los anuncios en ningún momento serán publicados o relacionados con páginas que no tengan relación con el anuncio.

APLICACIÓN PRÁCTICA

A través de tu sitio web quieres dirigirte a los fanáticos de las caravanas, y para eso vas a usar el subtema "camping". ¿Sabrías indicar a qué motivo responde el uso de un subtema en este caso?

a. Para compartir tráfico con los alojamientos de campings y favorecer el posicionamiento web.
b. Para llegar a más usuarios a través del uso de subtemas.
c. Para que el anuncio aparezca en todos los sitios posibles de internet.
d. Para que la información quede mejor organizada.

Solución

En este caso, si alguien es fanático de las caravanas, se puede usar el subtema "camping" para llegar a más usuarios a través del uso del subtema.

Continúa en página siguiente >>

<< Viene de página anterior

Además de para llegar a más usuarios, otros motivos para usar temas y subtemas son:

• Generar rápidamente más tráfico hacia nuestro sitio web.
• Se dispone de cierto presupuesto flexible y no se tiene restricciones en las campañas.
• Quieres evitar que tus anuncios aparezcan en sitios que no están relacionados con los mismos, para obtener mejores rendimientos.

 ## ACTIVIDAD COMPLEMENTARIA

8. Marcos es el propietario de una web dedicada a la papelería, y está pensando en usar *Ads* para lanzar campañas de anuncios y aumentar sus ventas. ¿Con qué temas podría clasificar su web?

    Encuentra al menos cinco temas en los cuales clasificar la web de papelería de Marcos.

 ## TAREA 6

Juana y Richard acaban de abrir su tienda *online* dedicada a la compraventa/ descarga de música. Han barajado usar *Ads* para promocionar su música y obtener así más clientes.

¿Qué repercusiones, tanto positivas como negativas, podría traerles esto? Deberás enumerar las ventajas e inconvenientes que puede suponer, ejemplificándolos para esta situación en concreto.

Escoge al menos cinco temas y cinco subtemas en los que clasificar las campañas de anuncios.

---

6. Organización de la cuenta

☞ HILO CONDUCTOR

En GoAd saben que es fundamental tener la cuenta de cualquier cliente ordenada y organizada, dado que, si hay que modificar algún elemento para que los anuncios posicionen mejor, o bien para aumentar la creatividad de los mismos, resultará más fácil localizar lo que hay que modificar si está todo ordenado. Puesto que son un equipo humano amplio, saben que no siempre la persona o personas que modifican algo son las que lo han creado.

- -

Tener tu cuenta de *Ads* organizada te va a aportar muchos beneficios, por ejemplo, **mostrar los anuncios adecuados y personalizados** a los clientes elegidos. Esto, a su vez, repercutirá en que los **informes o seguimientos serán de total eficiencia y veracidad.**

👁 EJEMPLO

Imagina que un usuario hace una búsqueda de "colchones inteligentes" y ve un anuncio sobre "portátil i7 barato": lo más probable es que no haga clic en el anuncio.

- -

Es imposible dictar cómo hay que tener organizada la cuenta, porque cada cuenta es un mundo; pero sí puedes seguir una serie de **consejos prácticos** que te reportarán beneficios:

1. **Ir organizándolo todo poco a poco:** es recomendable, a medida que se van creando las campañas y los grupos de anuncios, ir organizándolo todo. Si lo haces una vez que has creado varias campañas y grupos de anuncios, se eliminarán todos los datos y, por lo tanto, no tendrás acceso a los informes de rendimiento.
2. **Disponer de varias configuraciones de campaña:** es recomendable tener varias configuraciones de campaña, simplemente variando conceptos tales como el presupuesto o la segmentación.
3. **Usar un tema específico para cada grupo de anuncios:** se recomienda usar un tema específico para cada grupo de anuncios; procediendo a

agrupar dichos anuncios en función al tema escogido. Si se va a cambiar de tema, siempre se recomienda crear una nueva campaña.

4. **Usar las optimizaciones de *Google Ads:*** se aconseja usar las optimizaciones que *Google Ads* pone a tu disposición para tener los anuncios más eficientes posibles.

A continuación, puedes observar un ejemplo de organización de una cuenta.

6.1. Ejemplo de organización de la cuenta

Mercedes dispone de un desarrollo dedicado a la venta de equipos informáticos y, para ello, ha creado una cuenta en *Google Ads* con la que realizar anuncios para vender sus productos.

Además de elegir quién tendrá acceso a ella, también podrá seleccionar la forma de pago.

El **nivel superior de la cuenta** puede quedar del siguiente modo:

Cuenta
Tienda *online* de equipos informáticos

Ahora verás la organización de las campañas.

Mercedes quiere crear **campañas de anuncios** para vender portátiles y ordenadores de sobremesa, la configuración quedaría de la siguiente forma:

Campaña	Campaña
Portátiles	Sobremesa

Y, a continuación, la **organización de los grupos de anuncios.**

Suponiendo que la campaña a crear es para la venta de portátiles y equipos de sobremesa, quedarían, por ejemplo, los siguientes grupos de anuncios:

Grupo de anuncios	Grupo de anuncios	Grupo de anuncios	Grupo de anuncios
Portátiles 15 pulgadas i7	Portátil 15 pulgadas i5	Sobremesa i7	Sobremesa i5

Así, la **configuración general de la cuenta** quedaría de la siguiente forma:

Cuenta			
- Correo electrónico y contraseña únicos - Datos de facturación			

Campaña		Campaña	
Portátiles		Sobremesa	

Grupo de anuncios	Grupo de anuncios	Grupo de anuncios	Grupo de anuncios
Portátil 15 pulgadas i7	Portátil 15 pulgadas i5	Sobremesa i7	Sobremesa i5

TAREA 7

La empresa ElectroDomes, dedicada a la venta *online* de televisores, frigoríficos, lavadoras y secadoras, te ha elegido para que le hagas una buena configuración de cuenta para la gestión de su próxima campaña de anuncios.

En base a los productos citados, configura la cuenta de *Google Ads* de esta empresa. Puedes escoger tres modelos de cada producto para realizar dicha configuración.

7. Coste

☞ HILO CONDUCTOR

En GoAd, siempre que se enfrentan a un nuevo proyecto para un cliente, parten con un presupuesto predefinido y, además, dicho presupuesto está acotado tanto por arriba como por abajo para tener siempre un control sobre "el consumo económico" de los anuncios. De esta forma, saben si un determinado anuncio rinde lo que consume para el cliente.

Cuando un usuario de *Google* realiza una búsqueda, se pone en marcha por parte de *Ads* una **subasta para escoger los anuncios** que se van a mostrar en la página de resultados y cómo se van a mostrar (clasificación de los mismos).

Para colocar los anuncios en la subasta de *Ads,* debes elegir antes el tipo de puja que vas a usar. Lo ideal es optar por las siguientes pujas:

Estrategia de puja por ubicación en la página de búsqueda
- Permite aparecer en las primeras posiciones de búsqueda. En este tipo de pujas, *Google* se encarga de ganar tantas veces como puede, teniendo en cuenta el presupuesto que se le ha asignado.
Esta sirve para:
- Incrementar el CTR.
- Aumentar la visibilidad de marca.
- Mejorar la conversión.

CPA objetivo
- Con esta puja se busca conseguir un mayor número de conversiones. Por lo tanto, maximiza las conversiones, permite un mayor éxito y reduce los posibles fallos de conversión.

ROAS objetivo
- El objetivo es lograr el mejor porcentaje de conversiones por el gasto de cada anuncio. Esta puja es la que da un mejor retorno.

Continúa en página siguiente >>

<< *Viene de página anterior*

Porcentaje de *ranking* superior objetivo
- Con esta puja se busca posicionar el anuncio por encima de un competidor. Por ello, es la opción más indicada cuando se quiere ganar cuota de mercado y credibilidad.

Maximizar clics
- *Google Ads* se encarga de ajustar las pujas para lograr el mayor número de clics, teniendo en cuenta el presupuesto que se le ha otorgado. El fin es conseguir un mayor tráfico a la web.

CPC mejorado
- El objetivo de esta puja es que *Google* trate de optimizar el coste por clic para conseguir así un mayor número de conversiones.

CPC manual
- Esta permite tener un mayor control sobre las pujas. Así, se le indica a *Google* cuál es el máximo que se quiere pagar por cada clic.

8. Resultados: *ranking* de anuncios

 HILO CONDUCTOR

En GoAd tienen como objetivo principal que el anuncio aparezca en los primeros resultados de búsqueda, no en el primer resultado; dado que conseguir el número 1 implicará un desembolso que muchas veces no merecerá la pena.

Además, cada cierto tiempo, siempre revisan el *ranking* de los anuncios de los clientes para ver cómo funcionan.

Cuando creas campañas de anuncios, normalmente estos se muestran en la parte superior o inferior de la página de resultados de búsqueda de *Google*. Pero aparecen mediante una **posición correspondiente a cada anuncio**.

IMPORTANTE

La posición de un determinado anuncio es el orden en que dicho anuncio se muestra en la página, con lo cual interesará siempre estar en las primeras posiciones.

SABÍAS QUE...

Antes, *Google Ads (Adwords)* mostraba la posición media de los anuncios. Esta función dejó de estar disponible en septiembre de 2019.

A continuación, verás algunas **cuestiones básicas** sobre la posición y el *ranking* del anuncio, y los **conceptos básicos** que deben revisarse:

Cómo se determina la posición del anuncio
- Para obtener la posición del anuncio, *Ads* usa su subasta de anuncios, es decir, corresponde a *Google* determinar qué anuncios se mostrarán y en qué posición. Para ello se basa en la puja, las mediciones CRT, la relevancia del anuncio, la experiencia de los usuarios y el formato del anuncio. Por tanto, si quieres mejorar la posición del anuncio, debes de revisar conceptos como:
  - Puja.
  - Calidad de anuncios.
  - Calidad de experiencia del usuario.

Hacer mejores anuncios implica obtener mejores *ranking* de resultados
- Cuando el usuario realiza una búsqueda a través del buscador de *Google* es cuando se realiza el cálculo del *ranking* para los anuncios que se van a mostrar. Puedes aumentar la calidad del *ranking* si mejoras conceptos como:
  - Porcentaje de clic en el anuncio.
  - Relevancia del anuncio.
  - Calidad de páginas.

Continúa en página siguiente >>

<< *Viene de página anterior*

Importancia de la calidad del anuncio
- La calidad de un anuncio afecta a conceptos tales como:
    - Subasta de anuncios: con anuncios de calidad te resultará mucho más fácil y económico que tus anuncios participen en las subastas.
    - CPC (Coste por Clic): mientras más calidad posea un determinado anuncio, más reducido será su CPC.
    - Posición del anuncio: a mayor calidad en tus anuncios, ocuparás posiciones más altas del *ranking.*
    - Pujas y palabras clave: con anuncios de calidad y una puja más baja, tienes más probabilidad de alta calidad y, por lo tanto, de mejor *ranking.*
    - Extensiones y formato de anuncio: el *ranking* del anuncio va a determinar si es apto o no para usarlo junto con extensiones y otros formatos (enlaces al sitio).

8.1. Subasta de anuncios

La subasta de anuncios es un **mecanismo interno de *Google Ads*** mediante el cual se **deciden los anuncios que se van a publicar y el orden** de los mismos en los resultados de búsqueda del buscador *Google*.

Los **pasos** de los que consta una subasta de anuncios son los siguientes:

1. **Búsqueda:** este paso se produce cuando un usuario determinado desde un sitio geográfico usa el buscador de *Google*. Por ejemplo "reparto de pizzas a domicilio".
2. **Reducción de anuncios:** en este paso, *Google* busca en su motor de búsqueda a todos los anuncios cuyas palabras clave coincidan de la forma más exacta posible con lo que ha introducido el usuario ("reparto de pizzas a domicilio"). Una vez que los anuncios coinciden con las palabras clave introducidas por el usuario, se procede a clasificarlos, es decir, habrá anuncios que no serán aptos y otros que estén rechazados, por lo que serán eliminados para que el usuario no llegue a verlos.
3. **Ordenación de anuncios:** el resto de anuncios que sí son aptos para que sean visibles por los usuarios son ordenados mediante un *ranking,* que es lo que en el siguiente paso obtendrá el usuario en sus resultados de búsqueda.
4. **Visualización de anuncios:** el usuario ve los anuncios correspondientes a las palabras clave "reparto de pizzas a domicilio".

5. **Repetición del proceso:** este proceso se repite siempre que cualquier usuario introduce una palabra o serie de palabras clave en la caja de texto de *Google* para obtener unos determinados resultados de búsqueda.

 **PARA SABER MÁS**

Accede al siguiente enlace en el que podrás consultar la página web de *Ayuda de Google Ads,* en la que se describen las características del *ranking* de anuncios, su funcionamiento y cómo se calcula.

https://redirectoronline.com/ifcm008po0303

 TAREA 8

María es la propietaria de una tienda dedicada a la venta de material de pintura, con presencia tanto física como *online.* Ha creado una campaña con un anuncio y varias palabras clave: "pintura" y "tienda de pintura", para poder ganar más clientes, pero su anuncio nunca llega a visualizarse en los resultados del *ranking de Google.*

Continúa en página siguiente >>

<< *Viene de página anterior*

¿Qué es lo que está haciendo mal María? ¿Qué es lo que podría cambiar para aparecer en los primeros resultados del *ranking?* Deberás analizar el caso de María, para identificar qué es lo que falla y cuál es la posible solución que podría adoptar.

Asimismo, valora la importancia de obtener una buena posición en el *ranking,* indicando las consecuencias que tendría para María el hecho de no alcanzar su objetivo.

---

9. Analizando a la competencia

 **HILO CONDUCTOR**

En GoAd siempre intentan destacar sobre la competencia a la hora de trabajar con un nuevo cliente. Por eso, es de vital importancia para ellos cuando reciben un nuevo cliente con el que trabajar, analizar su competencia más directa.

De esa forma, podrán diseñar una campaña novedosa respecto a la competencia y así captar más tráfico de usuarios.

Como has visto, siempre que lances una campaña de anuncios tienes que pensar en **destacar sobre el resto de competencia** directa e indirecta, ofertando a los usuarios lo que los demás no ofertan; de esta manera obtendrás más tráfico de usuarios a tu sitio web y, por lo tanto, puede que mayor beneficio.

NOTA

Este informe de los datos de la subasta está solo disponible en las campañas de búsqueda y *shopping.*

Para acceder a dicho informe hay que ir a la cuenta de *Google Ads,* hacer clic en **Campañas de búsqueda** y hacer clic en **Comparativa de subastas.**

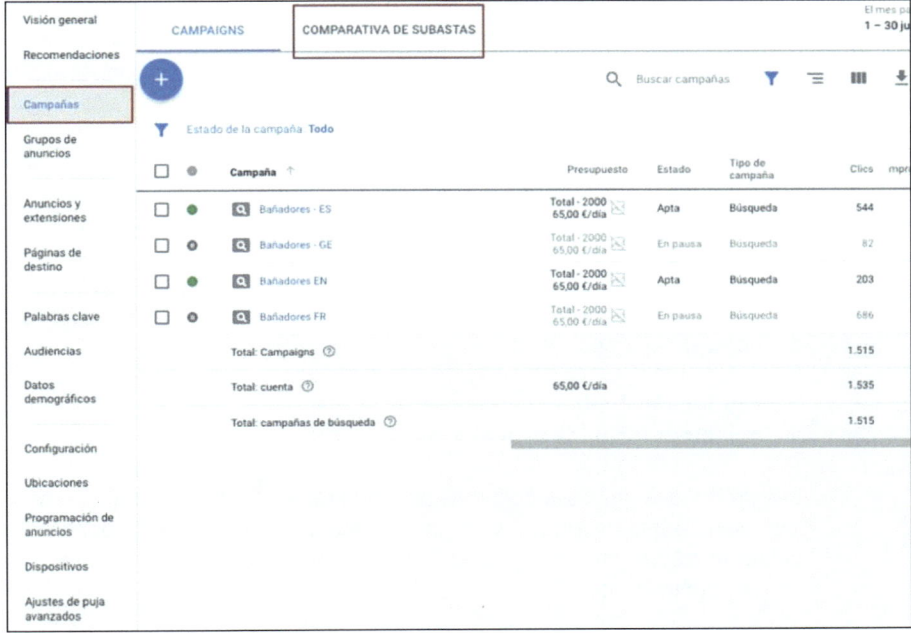

Comparativa de subastas en Google Ads

Obtendrás **datos** tales como:

- ⮥ **Cantidad de empresas que están pujando por las palabras clave que has elegido.** Cuando usas los Datos de subasta, estos te ofrecen información por palabra clave.
- ⮥ **Conocer quién o quiénes están perjudicándonos a nivel de *ranking.*** Muchas veces se hace uso de palabras clave que se considera que están relacionadas con un sitio o desarrollo web, pero, sin embargo, el rendimiento o comportamiento de estas palabras clave es pobre y poco óptimo.
- ⮥ **Qué competencia ha usado tu *branding* en sus campañas.** La mejor palabra clave que puedes tener es tu propia marca. No debes olvidar que la competencia puede pujar por tu propia marca, perjudicándote de este modo. Debes tener presente:

- **Porcentaje de superposición:** te permite conocer en qué ocasiones salen los anuncios de los demás cuando tú sales.
- **Porcentaje de posición superior:** cuándo coincides con tu competencia directa; este parámetro te permite conocer las veces que la competencia sale mejor parada que tú.
- **Porcentaje de parte superior de la página:** te permite conocer la cantidad de veces que tu anuncio aparece en la zona VIP (la mejor de todas, el *ranking* 1).

ACTIVIDAD COMPLEMENTARIA

9. Realiza un análisis de las siguientes palabras clave y averiguar qué empresa o empresas pujan por ellas:

- "calzado moderno".
- "muebles modernos para el hogar".

Determina qué empresa puja más por cada palabra clave y cuántas empresas usan dichas palabras clave en sus anuncios. Asimismo, propón otras palabras clave similares que pudieran servir como alternativa, pero que tengan menos puja.

Realiza una comparativa entre ellas y determina qué palabras sería más adecuado escoger en caso de tratarse de una pequeña empresa.

TAREA 9

Juana y Richard, para promocionar adecuadamente su reciente negocio *online* sobre música, han pensado en escoger como palabras clave "música" y "music".

¿Por qué no deberían escoger dichas palabras? ¿Son dichas palabras clave adecuadas para hacer que su anuncio ocupe las primeras posiciones del *ranking* de resultados?

Localiza al menos dos anuncios que usen también las palabras clave "música" y "music" y justifica, en base a estos, por qué esas palabras no son adecuadas en este caso. Además, propón dos palabras que sean más acordes.

----

10. Aprendiendo de los errores

☞ HILO CONDUCTOR

En GoAd cuentan con que el error es un factor humano que se comete muchas veces sin querer, por eso, cuando se enfrentan a un nuevo proyecto, disponen de una serie de recomendaciones a aplicar para no caer en determinados errores que son habituales.

Eso sí, siempre que aparece un error toman nota de él e intentan buscar una solución óptima, así lo pueden tener presente para otros proyectos con nuevos clientes.

- -

Ya tienes constancia de que *Google Ads* es una ventana abierta de publicidad *online* aprovechada por miles de empresas de todo tipo (pequeñas, medianas y grandes) y que su red de usuarios (de *Google)* crece continuamente de forma exponencial.

Debido a esto se convierte en un espacio o entorno ideal para ciertas empresas para poder probar o testear sus productos o simplemente venderlos o atraer más clientes.

Pero lo más probable es que cometas una serie de **errores a la hora de crear campañas** para usar los anuncios. Sería imposible manejar todos los errores que se pueden cometer, así que se mostrarán aquellos que son más comunes a todos los usuarios noveles de *Google Ads*. Son los siguientes:

- **No establecer un presupuesto de partida:** si no estableces límites en lo que pretendes conseguir en *Ads,* lo más probable es que te dejes llevar y hagas un gasto innecesario para conseguir unos objetivos más que discutibles.
- **Abusar de las palabras clave elegidas:** recuerda que es muy recomendable el uso de las palabras clave elegidas en el título, así como en la descripción del enlace del anuncio. Pero hay que tener cuidado, porque *Google* te puede penalizar por hacer un uso excesivo de palabras clave. *Google* te puede avisar o penalizar por usar demasiadas palabras clave. Lo ideal es usar en torno a cinco o diez términos de palabras clave. Y, por supuesto, que estas palabras estén íntimamente ligadas al sitio o desarrollo web.
- **Marear al usuario:** no hay que marear al usuario, hay que ser sencillo, claro y directo (piensa en ti mismo a la hora de comprar un producto por

internet). Mientras más clara y precisa sea la información, y mientras mejor organizada esté, más ganas da de comprar el producto.

- **Usar publicidad engañosa:** lo mejor es no ofrecer lo que no se puede servir. De nada vale que en un anuncio indiques envíos gratis y luego se los cobres al usuario: el usuario considerará que le estás tomando el pelo o estafando, y lo más probable es que acabe su compra en la competencia directa. Lo peor de todo es crear falsas expectativas en los anuncios.

- **Usar anuncios genéricos:** por genéricos se entienden aquellos anuncios en los que su enlace apunta a la página principal de un sitio o desarrollo web. Lo idea es redireccionar al usuario a una página específica que presente el producto o servicio que le quieres vender, y no que tenga que buscarlo en tu web a través de la búsqueda de la página principal.

- **No fijar fechas de comienzo y de finalización de las campañas:** siempre hay que tener claro cuándo va a ser la fecha de finalización de la campaña de anuncios que estás desarrollando en *Google Ads*. Esta fecha la puedes elegir en base a los siguiente parámetros:

  - Ventas mensuales.
  - Promociones puntuales de productos.
  - Promoción de eventos en fechas fijas.

- **No crear contenido personalizado y original:** los anuncios tienen limitaciones en cuanto a los caracteres que puedes usar en el título, descripción y enlace. Por este motivo, debes sacarle el máximo partido a través de la originalidad y contenido creativo. Para ello puedes hacer uso de: envío gratis, 25 % descuento en primera compra, testeo o prueba gratis, etc.

- **Crear un solo anuncio:** dado que *Google* te ofrece mucha información sobre el rendimiento de los anuncios, lo ideal cuando estás afrontando una nueva campaña es no crear un solo anuncio, sino como mínimo dos, e ir comparando sus rendimientos para ver cuál de ellos atrae más cebo de usuarios (Test A/B). Obviamente hay que centrarse en el anuncio que mayor captación de usuarios hace para mejorarlo lo máximo posible.

- **No usar las acciones:** hay que indicar claramente a los usuarios qué es lo que quieres que hagan: comprar ahora, registrarse en tu web, etc. También puedes usar inmediatez, como: plazas limitadas, últimas unidades, X unidades en 24 horas, etc.

TAREA 10

Román es el propietario de una tienda de compraventa de muebles nuevos y de segunda mano. Ha visto, mediante informes, que tiene un *stock* demasiado grande de muebles de segunda mano de madera de roble.

Para ello ha pensado en usar *Google Ads* y crear un anuncio cebo ofreciendo un 20 % de descuento más un 10 % si en ese día eres de los 100 primeros clientes en hacer la compra de los muebles. En realidad, el descuento del 20 % no llegará a aplicarse nunca, únicamente lo usa para que el cliente caiga y se redirija a su web. Además, para llegar a muchos más clientes, su anuncio usa las siguientes palabras clave: "muebles baratos", "muebles de madera de roble", "muebles en oferta", "muebles con un 20 % descuento", "muebles buenos y baratos", "muebles de primera calidad a precio de risa", "muebles con descuento" y "muebles de liquidación en descuento".

¿Qué error está cometiendo Román? Describe los errores más comunes al usar *Google Ads*, indicando cuál de ellos está cometiendo Román en este caso y qué solución podría adoptar al respecto.

11. Resumen

Al hacer uso de una herramienta tienes que pensar siempre tanto en la repercusión positiva que te aportará como en la repercusión negativa que te generará.

En el caso de *Google Ads,* las **ventajas y desventajas** que puede tener son las siguientes:

Ventajas ✔	✖ Inconvenientes
- Costos económicos - Segmentación de usuarios - Control de campañas - Formación y certificación por parte de *Google* - Complementos en estrategias SEO y SEM	- Posicionamiento en los anuncios - Gran cantidad de competencia directa - Experiencia en posicionamiento SEO y SEM - No hay éxito garantizado - Limitaciones a la hora de comunicar

Para aprovechar su uso y obtener los resultados esperados, es necesario seguir una serie de pasos en la realización de las **campañas de anuncios:**

1. Investigaciones de mercado
2. Análisis de palabras clave
3. Temas y subtemas
4. Organización de la cuenta
5. Coste
6. *Ranking* de anuncios
7. Analizar la competencia
8. Aprender de los errores

Siguiendo ese proceso, podrás usar de forma óptima *Google Ads* y obtener los resultados esperados, beneficiándote así de las ventajas que ofrece su uso.

Ejercicios de autoevaluación
Unidad de Aprendizaje 3

1. **Señala cuál de las siguientes es una ventaja del uso de *Google Ads*.**

   a. Dependencia de *Google*.
   b. Saturación del mercado.
   c. Limites en creatividad.
   d. Segmentación avanzada.

2. **Señala cuál de los siguientes es un inconveniente de usar *Google Ads*.**

   a. Múltiples formatos de anuncios.
   b. Medición y análisis en tiempo real.
   c. Flexibilidad y control.
   d. Riesgo de sobreoptimización.

3. **¿Desde dónde se puede acceder a la información que *Google* almacena de las búsquedas de los usuarios?**

   a. Planificador de campañas.
   b. Planificador de anuncios.
   c. Planificador de palabras clave.
   d. Planificador de usuarios y búsquedas.

4. **Señala cuáles de las siguientes son técnicas de *marketing* usadas en internet para dar a conocer tu sitio web mediante el uso de *Google Ads*:**

   a. Promoción en redes sociales, sobreexplotación de anuncios y gestor de palabras clave.
   b. Optimización, aumento de referencias y promoción en redes sociales.
   c. Gestor de palabras clave, aumento de referencias y optimización.
   d. Redes sociales, optimización y automatización de campañas.

5. En relación a los anuncios de *Google Ads*, selecciona la afirmación correcta.

    a. Es muy recomendable que cada 4 días cambies las palabras clave escogidas.

    b. Es muy recomendable que cada cierto tiempo realices una evaluación o análisis de las palabras clave escogidas.

    c. Es muy recomendable que cada 15 días cambies las palabras clave, creando para ello un nuevo anuncio y eliminando el anterior.

    d. Es muy recomendable eliminar la campaña cada mes y comenzar con otra totalmente nueva para captar más clientes.

6. ¿Qué elemento se usa para medir el rendimiento de las palabras clave?

    a. Filas.

    b. Columnas.

    c. Usuarios.

    d. Anuncios.

7. La opción que permite realizar un diagnóstico de palabras clave de forma individual se denomina:

    a. Estado de la palabra clave.

    b. Configuración de la palabra clave.

    c. Automatización de la palabra clave.

    d. Consulta de la palabra clave.

8. Al hablar de la segmentación que permite clasificar, en base a un determinado rango, los anuncios, se está haciendo referencia a:

    a. *Ranking* de búsqueda.

    b. Palabras clave.

    c. Subtema.

    d. Tema.

9. ¿Qué información almacena *Google*?

       a. La pulsación de teclas.
       b. La cantidad de palabras introducidas.
       c. *Google* no almacena datos.
       d. La ciudad desde la cual se realiza la búsqueda.

10. La optimización *Off Page* también se conoce con el nombre de:

       a. Aumento de referencias.
       b. Aumento de costes.
       c. Aumento de cruzadas.
       d. Aumento de análisis.

Glosario

Anuncio

Espacio en que se transmite o comparte un mensaje publicitario por parte de las empresas mediante el uso de *Google Ads.* Pueden tener formato de texto, gráfico y/o vídeo.

Banner

Formato de publicidad en internet que consiste en incluir una pieza (normalmente animada en modo gráfico o vídeo) en una página para atraer tráfico a la página del anunciante.

Blog

Un blog es un diario *online* que recoge cronológicamente textos de uno o varios autores, cuya característica principal reside en la libertad de publicación y de opinión de los mismos (tanto por parte de los autores como de la gente que consume el blog).

Branding

Proceso de construir una marca, normalmente asociada a una empresa, de tal forma que la marca se identifica unívocamente.

Campaña

Grupo de anuncios (uno o más) que tienen varios puntos en común como son el presupuesto, el segmento geográfico sobre el que actúan y otras configuraciones.

Clic

Cada vez que un usuario pincha en un anuncio.

Conversión

Es la acción que se produce cuando un usuario procede con la interacción del anuncio, por ejemplo, cuando hace clic en él.

CPA

Conocido como «Coste por adquisición». Se paga cuando el usuario realiza una conversión, es decir, cuando ha visualizado el anuncio, ha hecho clic y ha rellenando el formulario o comprado el producto.

CPC

Coste por clic es lo que paga el anunciante cada vez que un usuario pincha en su anuncio.

CPC máximo

Oferta de puja máxima. Cantidad máxima que un anunciante está dispuesto a pagar cuando un usuario hace clic en su anuncio. Normalmente está íntimamente relacionado con la puja de palabras clave.

CPC medio

Coste medio de los clics generados por una palabra clave en un periodo de tiempo determinado.

CPM

Coste por mil impresiones. Lo que paga el anunciante cada vez que su anuncio se muestra mil veces.

CTR

Porcentaje de clics que obtiene un anuncio. Es la relación entre el número de impresiones y el número de clics.

Enlace patrocinado

Formato publicitario que se publica en la página de resultados de un buscador cuando se introducen palabras clave previamente contratadas por el anunciante para que queden asociadas al enlace.

Impresión

Cada una de las veces que un anuncio se muestra en los resultados de búsqueda o en los sitios de la red de *Google.*

Página de destino

Página web donde el usuario llega tras hacer clic sobre un anuncio.

Palabra clave

Término de búsqueda formado por una o más palabras que hace que un anuncio aparezca en el buscador, o en los sitios asociados, cuando un usuario lo incluye en su consulta.

Posición
Orden en que un anuncio se muestra en la página.

Posicionamiento web
Consiste en aplicar diferentes técnicas para aparecer en las primeras posiciones de los buscadores web tras una búsqueda concreta.

Ranking
Posición de una página web en la página de resultados de un buscador.

Red de contenido
Red de páginas web asociadas a los programas de publicidad en buscadores y en las que los anunciantes pueden optar por mostrar sus anuncios.

Retorno de inversión (ROI)
Relación entre el coste de la publicidad y los beneficios obtenidos de las conversiones. El ROI indica los beneficios que obtiene un anunciante como resultado de una inversión publicitaria.

Segmentación
Práctica consistente en orientar los esfuerzos de publicidad y *marketing* hacia un subconjunto específico del mercado considerado relevante por su perfil; este grupo se denomina público objetivo y generalmente está definido en función de criterios sociodemográficos (edad, ubicación, nivel económico, sexo, etc.), aunque internet permite aplicar todo tipo de variables de manera creativa en la segmentación de usuarios.

SEM
(Search Engine Marketing): estrategia de *marketing* directo y publicidad para posicionar negocios en los listados de los buscadores para que sean encontrados por sus potenciales clientes.

Subtema
Es una segmentación dentro de un tema y que va asociado al mismo. Por ejemplo, para el tema «Automóviles» se puede escoger como subtema «Furgonetas».

Tema
Es una segmentación que permite clasificar, en base a un determinado rango, los anuncios; por ejemplo, si se escoge el tema «Automóviles», los anuncios se mostrarán en los sitios web cuya temática esté relacionada con «Automóviles».

URL de destino

Dirección que es usada para redirigir a los usuarios desde el anuncio que es mostrado en el buscador de *Google* hacia un sitio o desarrollo web.

URL final

Se trata de la dirección URL a la que va a redirigirse al usuario cuando haga clic en el anuncio.

URL visible

Dirección del sitio o desarrollo web que es mostrada en el anuncio generado por una campaña.

Bibliografía

Textos electrónicos, bases de datos y programas informáticos

→ ¿Qué es un estudio de mercado? Disponible en:
<https://agenciaroco.com/que-es-un-estudio-de-mercado/>.

> Artículo de Agencia Roco (s.f.) que es una introducción básica a la investigación de mercados, dirigida a emprendedores o empresas que necesitan comprender su entorno competitivo.

→ Ayuda de *Ads.* Disponible en: <https://support.google.com/adwords/>.

> Página web de *Google Ads* en la que *Google* ofrece información sobre la herramienta *Ads,* además de ejemplos para comprender el funcionamiento de la misma.

→ Controla tú presupuesto en *Google Ads:* Guía completa para una inversión inteligente. Disponible en: <https://www.antoniovchanal.com/controla-tu-presupuesto-en-google-ads-guia-completa-para-una-inversion-inteligente/>.

> Este artículo es una guía práctica para gestionar presupuestos en *Google Ads,* un tema crítico para anunciantes que buscan maximizar su ROI. Su enfoque en "inversión inteligente" sugiere estrategias basadas en datos y optimización, aunque la falta de fecha (s.f.) genera dudas sobre su actualidad en el dinámico entorno de 2025.

→ Errores comunes en campañas de *Google Ads.* Disponible en: <https://nestrategia.com/blog/errores-comunes-en-campanas-de-google-ads/>.

> Recurso práctico para principiantes y usuarios intermedios de *Google Ads,* enfocado en identificar y corregir fallos frecuentes que afectan el rendimiento de las campañas. Su enfoque es preventivo, ideal para optimizar presupuestos y mejorar resultados.

→ *Google:* Indicador de utilidad de *Performance Max.* Disponible en: <https://www.pgrmt.com/blog/google-indicador-de-utilidad-de-performance-max>.

> Artículo que aborda una de las herramientas más potentes y controvertidas de *Google Ads* en 2025, centrándose en su "indicador de utilidad" (probablemente una métrica o metodología para evaluar su eficacia). Es

relevante para anunciantes que buscan optimizar campañas automatizadas en un entorno dominado por IA.

→ Guía completa de anuncios de *Google Ads* 2025. Disponible en: <https://franclau.com/blog/guia-completa-anuncios-google-ads-2025/>.

Este artículo de Franclau (2025) es un recurso actualizado que cubre estrategias, novedades y mejores prácticas para *Google Ads* en el contexto del 2025.

→ La digitalización abre las puertas a los mercados internacionales. Disponible en: <https://www.acelerapyme.gob.es/novedades/pildora/la-digitalizacion-abre-las-puertas-los-mercados-internacionales>.

Artículo que aborda un tema clave para las pymes en la era digital: cómo la transformación digital facilita la expansión internacional.

→ Tipos de campañas en *Google Ads* 2025. Disponible en: <https://dobleo.com/blog/google/tipos-de-campanas-en-google-ads-2025/>.

Este artículo es un recurso actualizado y relevante para profesionales de *marketing* digital que buscan entender las opciones de campañas en *Google Ads* en el contexto de 2025. Su enfoque es técnico-práctico, ideal para planificar estrategias basadas en las últimas funcionalidades de la plataforma.